개정판

GNU 인성

"내가 존중받고 있다는 사실을 어떻게 알 수 있을까?"

"공감은 다른 사람의 신발에 발을 넣었다가 다시 발을 빼어 쉽사리 자신의 신발을 되신어 보는 능력."

개정판

GNU 인성

홍석영 · 이아라 · 양난미 · 김권수

경상국립대학교출판부

머리말

우리나라 교육 목적은 “홍익인간의 이념아래 모든 국민으로 하여금 인격을 완성하고 자주적 생활 능력과 공민으로서의 자질을 구유하게 하여 민주 국가 발전에 봉사하며 인류 공영의 이념 실현에 기여하게 함”(교육법 제1조)이다. 이에 따른 대학 교육의 목적은 “국가와 인류 사회 발전에 필요한 학술의 심오한 이론과 그 광범하고 정치한 응용 방법을 교수 연구하며 지도적 인격을 도야하는 것”(교육법 제108조)이다. 이와 같이 인격 완성과 인격 도야는 교육 및 대학 교육의 중요한 목표이다. 이런 점에서 대학에서의 인성교육의 필요성과 중요성을 이야기할 수 있으며, 사회적으로도 대학에서의 인성교육에 대한 요구가 상존한다.

2021년 3월 1일 통합대학으로서의 경상국립대학교가 출범했다. 경상국립대학교의 교육이념은 ‘개척 정신을 바탕으로 진리를 탐구하는 인재 양성’이며, 인재상은 ‘미래 사회를 선도하는 혁신과 상생의 개척인’이다. 미래 사회를 선도하는 상생의 개척인이 되기 위해서는 전문적 능력과 함께 올바른 인성 형성이 무엇보다 중요하다. 우리 대학은 2003년 1학기부터 ‘GNU 인성’ 교과를 교육과정에 개설하여 운영해 왔다. 한 학기에 최대 7개반까지 개설 운영하여 매 학기 수강생이 약 500여 명에 달했다. 어느덧 이 교과가 운영된 지 10년에 이르렀고 그간 강의 교수님의 정년퇴임 및 이직, 교육 환경의 변화 등에 따라 새로운 교재 개발의 필요성이 제기되었다.

이번 교재 개발 과정에서 관심을 둔 사항은 ‘통합대학 교육과정 개편에 따라 통합 환경에 적합한 새로운 인성교육’과 ‘체험과 실천 위주의 교육으로 전환’이었다. 이에 기존의 교재 내용 중 유지할 주제와 새로 추가할 주제를 정하고, 4개 역량 영역 12개 주제로 내용을 개편했다.

- 인문소양 역량 영역: 고전활동을 통한 인성교육(행복/우정/생명 존중)
- 의사소통 역량 영역: 심리활동을 통한 인성교육(공감/타인 수용과 차이의 이해/자기표현)
- 개척정신 함양 영역: 문화활동을 통한 인성교육(창의성/리더십/도전의식)
- 공동체의식 함양 영역: 어울림활동을 통한 인성교육(협력과 자기조절/배려와 자기돌봄/인간관계와 갈등)

고전활동을 통한 인성교육은 윤리교육과 홍석영 교수, 심리활동을 통한 인성교육은 심리학과 이아라 교수, 문화활동을 통한 인성교육은 심리학과 양난미 교수, 어울림활동을 통한 인성교육은 교육혁신처 김권수 교수가 집필했다.

우리 대학의 인성교육은 교과는 물론 비교과로서도 활발히 운영되고 있다. 이러한 양적인 성장과 함께 교육 목표에 도달하는 질적인 성과를 기대하고는 있지만, 인성교육의 목표 달성에 대한 학문적 검토는 과제로 남아 있다. 이번에 개정 발간하는 교재가 완결판이라고는 할 수 없고 앞으로도 계속 수정 보완이 필요하다. 우리 대학의 인성교육에 관심을 가진 분들의 질정을 청한다. 이번 교재 개발을 책임지고 진행한 교육혁신처 강옥태 팀장, 추스란 주무관, 교재 원고를 집필하신 교수님, 그리고 대학 출판부에 깊이 감사드린다.

2023년 1월 15일

저자를 대표하여 홍석영

목차

IV. 어울림활동을 통한 인성교육 \ 김권수

I.

고전활동을 통한 인성교육

경상국립대학교 윤리교육과 홍석영

제1장 행복

나태주 시인은 「행복」이란 제목의 시에서 다음과 같이 노래하고 있다.

> 저녁 때 돌아갈 집이 있다는 것
> 힘들 때 마음속으로 생각할 사람이 있다는 것
> 외로울 때 혼자서 부를 노래가 있다는 것.[1]

이 시를 참고하여, 자신이 행복을 느낄 때를 3가지 서술하시오.

대부분의 사람들은 행복한 삶을 원한다. 그런데 어떤 삶이 행복한 삶이냐의 물음에 관해서는 다소 다양한 대답이 제시된다. 대학생 시기에 삶의 목표로서 행복한 삶에 관한 성찰은 현재의 삶을 알차게 영위하게 할 뿐만 아니라 자신의 현재 삶이 지향하는 목표에 대한 인식을 명확하게 해 줄 수 있으며, 긍정적 행복감을 형성하여 대학생 시기를

1 나태주, 『꽃을 보듯 너를 본다』, 도서출판 지혜, 2017, 72쪽.

기쁘고 의미 있게 지내는 데 기여할 수 있다. 여기에서는 인간의 행복에 관한 아리스토텔레스의 견해를 살펴보고자 한다. 먼저 그의 생애를 살펴보자.

1. 아리스토텔레스의 생애

아리스토텔레스(기원전 384~322)는 플라톤과 함께 서양의 가장 중요한 고대 철학자로 꼽힌다. 그의 학문적 성과는 이후 학문 세계에 매우 큰 영향을 주었다. 그는 논리학, 형이상학, 윤리학, 물리학, 생물학, 시학, 정치학 등 많은 분야에 걸쳐 다양한 책을 썼다. 그의 책들은 서양 학문의 중요한 토대가 되었다.

아리스토텔레스는 기원전 384년 그리스 북부에 위치한 마케도니아의 작은 도시 스타게이로스(Stageiros)에서 태어났다. 아리스토텔레스 집안은 귀족 계급은 아니었다. 그의 아버지는 당시 마케도니아의 임금인 아뮌타스 2세의 주치의였다. 따라서 사회적 신분이 아주 낮지는 않았다. 대개 의술은 가업으로 계승되는 경향이 있어, 아리스토텔레스는 아버지의 뒤를 이어 의사가 될 생각으로 의사 수업을 받기도 했다. 이 과정에서 그는 어려서부터 생물학과 과학 이론을 접할 수 있었고, 이는 그가 과학에 큰 관심을 두는 계기가 되었다.

그런데 아리스토텔레스는 의사가 되기보다는 그리스 아테네로 가서 공부하기를 더 원했다. 그리고 가족과 친지의 도움으로 10대 중반(17살)에 아테네로 유학을 떠난다. 스타게이로스에서 아테네까지의 거리는 약 600여 킬로미터가 넘는다. 이렇게 먼 길의 유학을 떠난다는 것은 대단한 용기라 할 수 있다.

아테네로 유학 온 아리스토텔레스는 철학을 공부하기로 결심했다. 당시 철학은 어렵고 특별하며, 무언가에 몰두하여 깊이 사색하는 것만을 의미하지는 않았다. 오히려 모든 학문과 지식을 철학으로 생각했다. 당시 아네테에는 플라톤(기원전 약428~348)이 있었다. 그는 자신이 세운 학교 '아카데미아(Academeia)'에서 학생들과 더불어 공부하고 토론을 했다. 아리스토텔레스는 17세에 이 학교에 입학했고, 플라톤이 죽을 때까지 20여 년 동안 이곳에서 공부했다.

플라톤과 같은 훌륭한 스승을 만나는 것은 학생에게 매우 큰 행복이다. 또한 아리스토텔레스와 같이 성실하고 뛰어난 제자를 만나는 것도 스승의 행복이다. 동양의 성현인 맹자는 군자(君子)의 세 가지 큰 기쁨 중 하나로 '천하의 영재를 얻어 가르치는 즐거움'을 제시했다. 플라톤과 아리스토텔레스, 이 스승과 제자는 어찌 보면 모두 축복받은 사람이며, 각각 상대방에게 충분히 보답하고 보답받은 위대한 인물이라 할 수 있다. 또한 플라톤의 스승이 소크라테스(기원전 469~399)인 것을 고려하면, 천재적인 스승과 제자 관계가 연이어 형성되었음을 알 수 있다.

아카데미아에서 아리스토텔레스는 '아카데미아의 천재'라는 칭찬을 들을 정도로 뛰어난 능력을 발휘했다. 그는 매우 부지런하고 성실했으며, 특히 밤낮으로 책을 읽어 스승인 플라톤으로부터 '책벌레'라는 별명을 얻기도 했다. 또한 그는 스승 플라톤을 '신과 같은 존재'라고 표현할 정도로 매우 존경했다. 아카데미아에서 공부하는 동안 아리스토텔레스는 많은 대화편을 썼는데, 그의 동료들은 그것의 우아한 문체를 '황금의 강'이라고 칭찬했다고 한다.

아리스토텔레스는 학문적 성숙을 이루어 가면서 자신의 고유한 사상을 형성하게 되는데, 플라톤의 가르침 중 동의할 수 없는 부분도 생기기 시작한다. 그래서 그는 자신의 책『니코마코스 윤리학』에서 "두 가지 즉 진리와 플라톤이 모두 나의 친구이기는 하지만, 진리를 더 높이 존중하는 것이 나의 숭고한 의무다"라고 말한다. 이에 대해 플라톤은 '마치 어린 망아지가 제 어미에게 하듯 아리스토텔레스가 나에게 반기를 들고 있다'고 서운한 감정을 드러냈다고 한다. 아리스토텔레스의 사상적인 갈등은 플라톤이 죽은 후에 더욱 커졌다. 플라톤이 죽은 뒤 아리스토텔레스가 아니라 플라톤의 조카가 아카데미아의 원장이 되었기 때문이다.

아리스토텔레스는 이에 몹시 실망하고, 기원전 348년경에 헤르메이아스 왕의 초청을 받아 트로이 근처 아소스(Assos)로 간다. 아리스토텔레스는 이곳에서 학생들을 가르치고 책을 쓰면서 3년 동안 살았다. 이곳에서 헤르메이아스의 조카이자 양녀인 피티아스와 결혼하고 딸을 낳았다. 그러나 그 뒤 아리스토텔레스가 다시 아테네에 가 있는 동안 피티아스는 세상을 떠나고, 얼마 뒤에 그는 헤르필리스와 함께 살았다. 아리스토텔레스와 헤르필리스 사이에서 아들 니코마코스가 태어난다.

아소스에서 3년을 보낸 뒤, 그는 근처의 레스보스(Lesbos)섬으로 가서 오랫동안 생활한다. 그곳에서 그는 학생들을 가르치면서 생물학, 특히 해양 생물의 다양한 상태에 관해 연구했다.

기원전 343년경(41살)에 아리스토텔레스는 고국인 마케도니아로 초빙되어 필리포스(Philippos) 왕의 아들을 가르친다. 당시 나이 13세인 이 왕자가 훗날 왕위에 올라 마케도니아 제국을 건설한 알렉산드로스 대왕이다. 아리스토텔레스의 가르침이 미래의 정치가요 장군이 될 알렉산드로스의 성장에 어떠한 영향을 주었는지에 대해서는 자세히 알려져 있지 않다.

필리포스 왕이 죽은 뒤 알렉산드로스가 왕위를 계승하자, 아리스토텔레스는 스승으로서의 임무를 끝내고 마케도니아의 지배하에 있는 아테네로 돌아온다. 그는 알렉산드로스가 죽을 때까지 친분을 유지했으며 알렉산드로스가 학문에 많은 관심을 기울이도록 도왔다.

기원전 335년경(49살) 아테네로 돌아온 그는 마케도니아의 재상이자 권력자인 안티파트로스의 지원을 받아, 소크라테스가 사색하며 산책했다고 전해지는 아폴론 신전 부근의 숲에 자신의 학원 리케이온(Lykeion)을 세운다. 아카데미아의 원장이 되지는 못했지만, 자신의 학원을 세움으로써 학생들을 가르칠 수 있게 되었다. 여기서 아리스토텔레스와 그의 제자들은 숲속의 산책로를 거닐면서 학문에 관한 토론을 했다. 아테네 사람들은 그런 광경을 이상하게 여기고 아리스토텔레스와 그의 제자들에게 '산책하는 사람들'이라는 별명을 붙였다. 이 시기에 그는 수백 권의 원고, 지도, 동식물 표본들이 소장되어 있는 거대한 도서관을 세웠다고 전한다.

아리스토텔레스는 리케이온의 규칙에 따라 자신도 공동 식사를 하고 한 달에 한 번씩 심포지엄을 열었다고 한다. 심포지엄을 통해 그는 한 명의 제자가 나머지 제자들의 비판에 대해 자신의 철학적 입장을 변호하는 방식을 익히도록 했다. 약 12년 동안 그는 리케이온의 원장으로 있으면서 교육과 강의뿐만 아니라 자신의 주요 사상을 발전시켰다.

그러나 이러한 평온한 삶이 오래 지속되지는 못했다. 기원전 323년 알렉산드로스가 갑자기 세상을 떠나자, 아테네의 정치적 상황이 급변했다. 마케도니아의 영향력에서 벗어난 아테네에는 반(反)마케도니아 분위기가 급속하게 확산되었다. 이러한 분위기는 아리스토텔레스의 입장을 매우 곤란하게 만들었다. 왜냐하면 그는 마케도니아 출신인데다, 마케도니아 왕실과 밀접한 관계를 맺고 있었고, 마케도니아로부터 재정 지원도 받고 있었기 때문이다.

결국 아리스토텔레스는 아테네 시민들에 의해 신성모독죄로 아테네 법정에 고소된다. 아리스토텔레스는 생애의 대부분을 학생으로서, 그리고 교사로서 아테네에서 보냈다. 아테네에서 그는 외국인이었기 때문에 정치적 권리가 없었다. 그런데 마케도니아 왕실과의 관계 때문에 신성모독죄로 아테네 법정으로부터 고소를 당한 것이다. 그 당시 신성모독죄란 어떤 사람을 사회에서 매장하기 위한 하나의 방법이었는데, 소크라테스의 경우처럼 사형을 받을 가능성이 매우 높았다. 그는 소크라테스를 떠올리며, '아테네 시민들이 또 한 번 철학에 대하여 죄를 저지르는 것을 막기 위해 떠난다'는 말을 남기고 아테네를 떠나 칼키스(Chalcis)로 피신했다. 아리스토텔레스의 이 행동에 대해 비겁하게 도망쳤다는 비난을 받기도 하지만, 이는 그의 현실적인 면모를 보여 주는 사례이기도 하다.

칼키스로 피신한 후 1년 뒤인 기원전 322년에 그는 세상을 떠난다. 일을 너무 많이 해서 생긴 만성 소화 불량이 원인이었다고 한다. 그는 죽었지만 그가 세운 리케이온은 플라톤이 세운 아카데미아와 함께 이후 800년 이상 유지되면서 사상과 학문의 전당 역할을 했다.

아리스토텔레스의 인품과 성격에 관해서는 자세히 알려지지 않았다. 그의 조각상을 보면 몸이 가늘고 감수성이 예민해 보이기도 한다. 학생 시절에는 옷 입는데 맵시를 냈고, 보석 장식을 하고 다녔다고 한다. 또한 그는 다른 사람들의 주장에 대해 임기응변을 잘해서 재치 있는 사람으로 평판이 높았다고 한다.

아리스토텔레스에 관한 재미있는 이야기는 주로 제자들에 의해 전해진다. 그들은 스승이 잠자는 모습을 지켜보았는데, 아리스토텔레스는 항상 뜨거운 기름을 넣은 가죽 부대를 배에 올려놓고 자는 잠버릇이 있었다고 한다. 이런 잠버릇은 그가 위장 관련 질환으로 사망했다는 사실로 미루어 보아, 위장을 보호하기 위해서였던 것으로 보인다. 제자들이 더욱더 이상하게 여긴 것은 스승이 청동으로 된 구슬을 손에 쥐고 잠을 잤다는 것이다. 이것은 아리스토텔레스가 잠을 줄이기 위해 사용한 방법으로, 깊은 잠이 들어 구슬이 손에서 떨어지면 그 소리를 듣고 잠에서 깨어났다고 한다.

아리스토텔레스의 생애를 돌아보면, 참으로 파란만장하다. 십 대 중반에 고향을 떠나 아테네에서 오랜 기간 공부했고, 플라톤 사후에는 주변의 도시 국가를 돌아다녔다. 고국 마케도니아의 왕자를 가르쳤고, 다시 아테네로 돌아와 자신의 학원을 세워 운영했다. 그렇지만 아테네 법정에 신성모독죄로 고소를 당하기도 했다. 이러한 변화무쌍한 삶 속에서도 그는 다양한 학문과 철학적 문제를 연구했다. 그는 자신이 처한 환경에 좌절하지 않고 끊임없이 자신의 학문 영역을 넓히고 깊이를 더했다. 그는 자신의 삶을 매우 성실하고 꾸준하고 부지런하게 개척(開拓)해 나갔다고 할 수 있다.

2. 아리스토텔레스의 행복론

가. 최고선으로서의 행복

아리스토텔레스의『니코마코스 윤리학』은 다음과 같은 문장으로 시작한다.

> 인간의 모든 행위와 선택, 모든 탐구와 기예는 어떤 선을 목표로 하는 것 같다(1094a1).

이 문장에는 아리스토텔레스 사상의 주요 특징 중 하나인 목적론적 관점이 담겨 있다. 인간의 모든 행위는 좋음, 즉 선(善)을 목표로 한다는 것이다. 그런데 인간은 다양한 행위와 선택을 하기 때문에 인간이 추구하는 목표도 다양하다. 그래서 아리스토텔레스는 다음과 같이 이야기한다.

> 행위, 기예, 학문들에 여러 종류가 있으므로 그와 관련된 목적들 또한 여러 가지이다. 예를 들어 의술의 목적은 건강, 조선술의 목적은 배, 병법의 목적은 승리, 가정경제학의 목적은 부(富)이다(1094a7-9).

즉, 인간이 다양한 활동을 하기 때문에 인간 활동이 추구하는 목적도 다양하다는 것이다. 그런데 이러한 목적들 간에는 상하의 개념이 형성될 수 있다. 예를 들어 말굴레[2] 및 마구(馬具) 제작에 관계되는 기술은 모두 마술(馬術) 아래 놓이며, 마술 자체와 전쟁에서의 모든 행위들은 병법 아래 놓이듯이, 같은 방식으로 다른 기예들도 또 다른 것들 아래 놓이게 된다. 우리의 하루 생활을 돌아보면, 우리는 다양한 목적들을 추구하고 있으며, 그것들을 하위의 목적과 상위의 목적을 구별해 볼 수 있다.

우리가 추구하는 활동의 목적에 상위 목적과 하위 목적이 있다면, 상위 목적 중에 최상의 목적이 있을 것이다. 아리스토텔레스는 인간 활동에서 최상의 목적, 즉 최고선이 무엇일까에 관심을 둔다. 그는 우선 최고선이 갖는 특징을 2가지로 이야기한다.

첫째, 최고선은 "그 자체로 추구되는 것"(1097a32), "그 자체로 선택되는 것"(1097a33)이라고 말한다.

둘째, 최고선은 "자족(自足)적인 것처럼 보인다"(1097b8)고 말한다. 그런데 아리스토텔레스가 말하는 자족은 나 혼자만의 자족이 아니라, 나를 포함하여 나의 가족, 친구, 동료 시민들까지의 자족이다. 자족의 범위가 왜 이렇게 넓으냐에 관해, 아리스토텔레스는 "인간은 본성상 폴리스적[사회적] 존재"이기 때문이라고 답한다.

최고선의 특징을 제시한 후, 아리스토텔레스는 최고선에 관한 사람들의 의견을 들었고, 그 결과 다음과 같은 결론에 도달한다.

> 그것[최고선]을 어떤 이름으로 부르는지에 관해서는 거의 대부분의 사람들이 동의하고 있다. 대중들과 교양 있는 사람들 모두 그것을 행복(eudaimonia) 말하고 있다(1095a17).

> 우리는 행복을 언제나 그 자체 때문에 선택하지, 결코 다른 어떤 것 때문에 선택하지 않는다. 예를 들어 우리가 명예, 즐거움, 지성 그리고 모든 탁월성을 선택하는 것은 물론 그 자체 때문이기도 하지만, 이것들을 통해 행복해질 것이라고 생각하며, 행복을 위해서도 선택하는 것이다(1097b1-7).

---

2 말의 머리에 씌우는 굴레. 가죽 끈이나 삼줄 따위로 만든다.

인간이 추구하는 최고선은 최소한 단어에서는 '행복'으로 모인다는 것이 아리스토텔레스의 주장이다. 이 점에서는 여러분도 동의할 수 있을 것이다. 그런데 문제는 행복이 무엇인지에 관해서는 의견이 다양하고 대중들과 지혜로운 사람들이 동일한 대답을 내놓지는 않는다는 점이다. 어떤 사람들은 눈에 보이고 누구나 알 수 있는 어떤 것을, 예를 들면 즐거움, 부, 명예 등을 행복이라 말하고, 다른 사람들은 제각각 다른 것을 행복이라 이야기한다. 나아가 같은 사람도 사정에 따라 행복이라고 말하는 것이 달라지는 경우가 있다. 예를 들어 질병에 걸렸을 때는 건강을, 가난할 때는 경제적 부를 행복이라고 말한다.

최고선이 행복이라는 데는 의견의 일치가 가능한데, 최고선으로서의 행복은 어떤 상태인가에 대해서는 의견이 다양하다. 그렇다면 과연 최고선으로서의 인간의 행복은 무엇일까? 행복에 대한 다양한 의견들을 검토하면서 이 물음에 답해 보자.

나. 행복에 대한 일반적 견해 검토

아리스토텔레스는 행복에 대한 다양한 의견들을 정리하고, 이 중에 과연 어느 것이 최고선으로서의 행복인가에 대해 검토한다(1095b15-1096a10). 어떤 삶이 행복한 삶인가 하는 물음에 대한 사람들의 대답을 아리스토텔레스는 다음과 같이 네 가지로 정리한다. 첫째는 경제적으로 여유 있는 삶, 둘째는 향락적인 삶, 셋째는 명예로운 삶, 넷째는 관조적 삶이다.

우선 경제적으로 여유 있는 삶에 대해, 아리스토텔레스는 "돈은 다른 어떤 것을 위해 유용할 따름이"(1096b6)므로 돈이 최고선이 될 수는 없다고 말한다. 왜냐하면 최고선은 그 자체로 추구되는 것이기 때문이다. 둘째로 향락적인 삶에 대해, 아리스토텔레스는 "일반적으로 사람들은 좋음과 행복을 즐거움이라 생각하는 것처럼 보이는데, 이러한 그들의 생각에 일리가 없는 것은 아니지만"(1095b15-17), 향락적인 삶을 최고로 행복한 삶이라 생각하는 것은 "짐승들의 삶을 선택하여 완전히 노예와 다름없음을 보여주"(1095b19-20)는 것이라고 비판한다. 셋째로 명예로운 삶에 대해, 아리스토텔레스는 "교양 있는 사람이나 실천적인 사람"(1095b22-23)이 명예로운 삶을 최고의 행복으로 선택하지만, 이 삶은 "우리가 추구하기에는 너무 피상적이며, 명예는 명예를 받는 사람보다 수여하는 사람에게 더 의존"(1095b26)하므로, 이것 역시 최고로 행복한 삶이라고 하기에는 불완전하다고 말한다.

이상의 논의를 통해 아리스토텔레스는 경제적으로 여유 있는 삶, 향락적인 삶, 명예로운 삶은 인간에게 행복을 주는 것은 사실이지만, 최고선으로서의 행복한 삶이 될 수 없다고 주장한다. 이제 남은 것은 관조적 삶인데, 아리스토텔레스는 이에 대한 논의를 직접적으로 펼치지 않고 이야기를 살짝 다른 방향으로 전개한다.

다. 인간의 기능과 최고선

아리스토텔레스는 최고선으로서의 행복에 관한 논의를 인간의 기능(ergon)과 연결 지어 전개한다. 예를 들어 피리 연주자는 언제 가장 행복할까? 아마도 피리 연주를 가장 잘할 때 행복할 것이다. 조각가는 언제 가장 행복할까? 역시 멋진 조각 작품을 탄생시켰을 때 제일 행복할 것이다. 피리 연주자는 피리 연주자의 고유한 기능, 즉 피리 연주를 가장 잘할 때 최고로 행복하고, 조각가는 조각가의 고유한 기능, 즉 조각을 가장 잘 할 때 최고로 행복할 것이다. 이처럼 행복은 고유의 기능을 잘 수행하는 것과 연결된다. 그래서 아리스토텔레스는 다음과 같이 진술하고 있다.

> 피리 연주자와 조각가, 그리고 모든 기술자에 대해서, 또 일반적으로 어떤 기능과 해야 할 행위가 있는 모든 사람에 대해서, 그것의 좋음과 잘함은 그 기능 안에 있는 것처럼 보인다. 그처럼 인간의 경우에도 인간의 기능이 있는 한, 좋음과 잘함은 인간의 기능 안에 있을 것이다(1097b25-28).

행복한 피리 연주자는 피리 연주를 매우 잘할 때 행복하고, 조각가는 조각을 매우 잘 할 때 행복하듯이, 인간은 인간 고유의 기능을 매우 잘할 때 행복하다. 그렇다면 인간 고유의 기능은 과연 무엇일까? 인간은 매우 다양한 기능을 갖고 있는데, 아리스토텔레스는 이것을 셋으로 구분한다. 첫째는 영양을 섭취하고 성장하는 기능이고, 둘째는 감각과 운동 기능이며, 셋째는 이성 활동 기능이다. 그런데 영양을 섭취하고 성장하는 기능은 식물과 동물을 포함한 모든 생명체가 공유하고 있는 기능이다. 감각과 운동 기능은 인간뿐만 아니라 동물도 공유하고 있는 기능이다. 따라서 이 두 기능은 인간 고유의 기능이라고 말할 수 없다. 반면에 이성 활동 기능은 인간 고유의 기능이다.

따라서 아리스토텔레스에 따르면, 인간 고유의 기능인 이성 활동 기능을 매우 잘 발휘하는 사람은 좋은 사람이며 행복한 사람이다. 아리스토텔레스는 인간의 기능에 대해 살펴보고, 그중에서 인간 고유의 기능인 이성 활동 기능을 매우 잘[탁월하게] 수행할 때 인간은 최고선으로서의 행복한 삶을 살 수 있다고 결론짓는다.

라. 지혜를 사랑하는 삶

아리스토텔레스는 인간이 인간 고유의 기능을 탁월하게 수행할 때 인간으로서 최고로 행복한 삶을 살 수 있다고 말한다. 그런데 인간 고유의 기능은 바로 이성 활동 기능이다. 따라서 이성 활동 기능을 탁월하게 수행할 때 인간은 최고선으로서의 행복한 삶을 살 수 있다.

인간 고유의 기능인 이성 활동 기능을 탁월하게 수행하는 사람은 진리를 추구하고 '지혜를 사랑'(philosophy: phil+sophia)하는 사람이다. 지혜를 사랑하는 사람은 관조적 삶을 사는 사람이다. 관조적 삶이란 심사숙고하며 고요한 마음으로 사는 삶을 말한다. 지혜를 사랑하는 삶은 그 고유의 즐거움을 인간에게 선사한다. 지혜를 사랑하는 관조적 삶은 그 순수성과 신뢰성에서 인간에게 가장 큰 즐거움을 제공한다.

지혜를 사랑하는 관조적 삶은 그 진지함에서도 뛰어난 가치가 있다. 이성 활동은 그 자신 이외에는 다른 목적을 갖지 않으며, 그 자신에게 고유한 즐거움, 스스로 만족함, 한가함, 진지함과 같은 성질을 갖고 있다. 따라서 지혜를 사랑하는 관조적 삶이 인간이 추구할 만한 최고선으로서의 행복이다.

그런데 지혜를 사랑하는 관조적 삶에 모든 인간이 도달할 수 있을까? 어찌 보면 그 삶은 인간이 도달하기에는 너무 높은 것으로 여겨지기도 한다. 그런데 인간이 이런 삶을 추구할 수 있는 것은 인간이라는 한계를 벗어나 인간 속에 잠재된 신적인 그 무엇이 있기 때문이다. 행복에 해당하는 그리스어 'eudaimonia'(eu+daimonia)의 글자 그대로의 뜻은, '신에게 좋은 것'이라는 의미이다. 만약 이성이 신적인 것이라 한다면, 이성 활동 기능을 최대로 발휘하여 지혜를 사랑하는 관조적 삶은 신적인 삶이라고 할 수 있다. 그러므로 우리는 결국 인간이니 인간적인 일을, 또 죽어 없어질 따름이니 죽어 없어질 것들을 생각하라는 말을 따를 것이 아니라, 오히려 할 수 있는 데까지 자신을 영원한 존재가 되게 하고, 자신 안에 있는 최선의 것을 따라 살도록 모든 노력을 기울여야 할 것이다. 바로 이것이 아리스토텔레스가 우리에게 권하는 최고선으로서의 행복한 삶이다.

학습 활동

1. 아리스토텔레스의 삶에서 인상 깊은 점과 배울 점에 관해 서술하시오.

2. 아리스토텔레스가 제시한 최고선의 조건 두 가지를 서술하시오.

3. 아리스토텔레스 행복론의 핵심 주장을 정리하고, 이에 대한 자신의 견해를 서술하시오.

4. 자신 안의 최선의 것을 찾아 쓰고, 그것을 실현하기 위해 어떤 노력을 하고 있는지 서술하시오.

제2장 우정

'친구' 하면 떠오르는 이름을 적어 보시오.

1. 대학생 시기 친구 관계의 중요성

대학생 시기는 청소년에서 성인으로 성장하기 위한 중간 단계이다. 이 시기에는 부모와의 정서적 유대가 약화되면서 자율과 독립을 추구하는 경향을 보인다. 대학생들은 자신의 고민을 의논하는 상대로 부모, 형제 등 가족보다는 친구를 우선으로 생각하며, 친구들과 함께 보내는 시간이 가족들과 함께 보내는 시간보다 많기도 하다. 이렇듯 대학생 시기에 친구 관계는 삶에서 매우 중요한 부분을 차지한다.

친밀한 우정 관계를 맺으면 심리적으로 건강한 삶을 살 수 있다. 친구는 자신을 지지해 주고, 자신의 가치감 증진과 일상에서 겪는 스트레스 해소에 도움을 준다. 반면 친밀한 우정 관계를 맺지 못하면 외로움, 소외감 등을 겪을 수 있다. 따라서 대학생 시기에 친밀한 우정 관계를 형성하는 것은 대학 생활을 행복하게 보낼 수 있을 뿐만 아니라 이후 성인기에 친밀한 관계를 형성하기 위한 밑거름이 되며 사회적 자신감과 자존감을 형성하는 데도 중요한 영향을 미친다.

오늘날 인간관계를 살펴보면, 서로 간의 인격적 관계가 약화되고, 일시적이고 피상적이며 기능적인 관계가 일상화되어 가고 있다. 이러한 경향은 대학생들에게서도 찾아볼 수 있다. 특히 인터넷 및 스마트폰 등의 일상화로 대학생들은 친구들과의 교제보다는 인터넷 게임이나 스마트폰 등에 더 많은 시간을 사용하기도 한다. 이로 인해 친구와 함께 자신의 생각이나 느낌을 솔직하게 표현하거나 대화하는 일을 기피하거나 어려워하는 경향을 보이기도 한다. 이런 상황에서 대학생 시기에 우정의 중요성을 깨닫고 올바른 친구 관계를 맺는 것은 매우 중요한 과제이다.

아리스토텔레스는 자신의 주저『니코마코스 윤리학』에서 친구 간의 우정에 대하여 많은 지면을 할애하여 상세한 논의를 펼치고 있다. 그는 친구 간의 우정은 탁월성을 포함하고 있으며, 우리가 살아가는 데 가장 필요한 것 중 하나라고 역설한다. 그리고 좋은 친구 관계를 맺기 위해 필요한 것들에 대해 다양한 예시를 들어가면서 차분히 논의를 전개한다. 그리하여 어떤 학자는 '아리스토텔레스의 우정론이 아리스토텔레스 도덕철학을 가장 잘 그리고 가장 분명하게 드러내 주며, 아리스토텔레스가 제시한 우정의 이상은 철학적 내용에서 풍부할 뿐만 아니라 실제적 시사 역시 매우 크다'고 평가하기도 한다. 비록 아리스토텔레스의 우정론이 고대 그리스의 아테네를 배경으로 2000여 년 전에 논의되었다 할지라도 오늘날 우리에게 주는 시사점은 매우 클 것으로 기대된다.

따라서 여기에서는 아리스토텔레스의『니코마코스 윤리학』에 나타난 친구 간의 우정에 대한 논의를 살펴본 후, 이것이 오늘날 우리에게 주는 시사점에 관해 살펴볼 것이다. 'GNU 인성' 과목이 중시하는 가치는 '나, 너 그리고 우리'이다. 우정에 대해 살펴보면서 나 자신과 나의 친구 관계에 대해 되돌아보기를 바란다.

2. 아리스토텔레스의 우정론

여기에서는 아리스토텔레스가『니코마코스 윤리학』제8권과 9권에서 논의하고 있는 우정에 대한 논의를 우정의 필요성과 고귀함, 우정 관계 형성 요인 및 우정의 성립 조건, 우정의 종류, 완전한 우정의 특징, 품성 상태로서의 우정, 우정과 정의의 관계, 우정과 자기애와의 관계, 우정과 행복과의 관계, 적절한 친구의 수, 친구의 행복과 불행 등의 세부 주제로 나누어 재정리할 것이다.

가. 우정의 필요성과 고귀함

아리스토텔레스는 우정(philia)[3]은 "일종의 탁월성[4]이거나 혹은 탁월성을 수반하는 것이며, 삶에서 가장 필요한 것"(1155a3-4)이라고 말한다. 재산이 많은 사람이나 높은 자리와 권세를 가진 사람들에게도 친구가 필요하며, 곤궁할 때나 어려움을 겪을 때도 친구가 필요하고, 젊은이에게도, 나이 든 사람들에게도, 전성기의 사람에게도 친구가 필요하다고 말한다. 특히 젊은이들에게 친구는 "서로의 잘못을 바로잡아 주는 데"(1155a13) 필요하다고 말한다. 그러면서 "둘이 함께 가면 사유에서나 행위에서 더 강해진다"(1155a15)라고 말한다.

한편 아리스토텔레스는 우정은 "폴리스들도 결속시키는 것처럼 보인다"(1155a23)라고 말한다. 그가 이렇게 말하는 이유는 입법자들이 정의를 구현하기 위해 애쓰는 것보다 우정을 구현하기 위해 더 애쓰는 것 같으며, 무엇보다도 우정과 비슷한 것으로 보이는 화합을 추구하며 분열을 몰아내기 때문이다. 또 서로 친구인 사람들 사이에는 더 이상 정의가 필요하지 않으나 서로 정의로운 사람들 사이에서는 우정이 추가적으로 필요하기 때문이다. 따라서 우정은 개인들뿐만 아니라 정치 공동체도 결속시킨다고 말할 수 있다.

이어서 아리스토텔레스는 우정은 삶에서 필요한 것일 뿐만 아니라 "고귀한 것"(1155a29)이라고 말한다. 그 이유는 우리들이 친구를 사랑하는 사람들을 칭찬하고, 또 친구가 많

---

3 그리스어 'philia'는 일반적으로 'friendship'으로 번역된다. 그런데 아리스토텔레스는 'philia'를 친구 간의 관계는 물론이고, 부모 자식 관계, 선후배 사이 나아가 동포애까지 포함하여 사용하고 있다. 그래서 'philia'를 '우애'(최명관, 홍석영) 또는 '친애'(이창우 외, 김상돈)로 번역한다. 아리스토텔레스에게 'philia'의 범위가 이렇게 넓음을 고려하면서, 여기에서는 친구 간의 우정 관계에 초점을 맞추어 살펴볼 것이며, 이러한 제한적 의미에 한해서 '우정'이라는 단어를 사용하고자 한다.

4 '탁월성'은 'αρετη'에 대한 번역이다. 'αρετη'는 '덕'으로도 번역되고 있다.

은 것을 고귀한 것 중 하나로 보며, 좋은 사람과 친구를 동일시하기 때문이다.

나. 우정 관계 형성 및 성립 조건

친구 관계는 비슷한 특징을 가진 사람들 간에 더 잘 형성되는가 아니면 서로 다른 특징을 가진 사람들 간에 더 잘 형성되는가? 아리스토텔레스는 이 물음에 대해서는 두 가지 견해가 있음을 밝힌다(1155a33-1155b8). 우선, '유유상종', '까마귀는 까마귀끼리 모인다', '비슷한 것은 비슷한 것을 추구한다'(엠페도클레스)와 같은 표현은 친구 관계가 유사성에 의해 형성된다는 점을 강조하는 것이다. 반면에 '옹기장이들은 같은 옹기장이들을 반가워하지 않기 마련이다', '메마른 땅이 비를 열망하며, 비를 머금은 장엄한 하늘은 땅으로 떨어지기를 갈망한다', '대립하는 것이 도움이며, 차이 나는 것들로부터 가장 아름다운 화음이 나온다'(헤라클레이토스)와 같은 표현들은 친구 관계가 상이성에 의해 형성된다는 점을 강조하는 것이다.

그런데 아리스토텔레스는 이 문제에 대하여 어떤 결론을 내리지 않는다. 그는 이 문제는 '난제'이며, 이에 대한 '자연학적인 논의들은 접어 두고', '인간적인 일들'을 탐구하자고 하면서 논의의 방향을 전환한다. 그는 우정과 관련하여 논의해야 할 문제들을 '모든 사람들 사이에서 우정이 성립하는가?', '못된 사람은 친구가 될 수 없는가?', '우정의 종류는 하나인가 아니면 그 이상인가?'로 제시한다(1155b9-13).

그는 우선, 우정은 과연 모든 사람들 사이에서 성립할 수 있는가 아니면 못된 사람은 친구가 될 수 없는가의 물음부터 탐구한다. 이에 대해 아리스토텔레스는 '사랑할 만한 것(philēton)이 무엇인지 이해하게 되면'(1155b17) 이 물음이 풀릴 것이라고 말한다.

아리스토텔레스는 '사랑할 만한 것은 좋음(άγαθον)이나 즐거움(ήδύ), 또는 유익함(χρήσιμον)(1155b19)'이라고 말한다. 따라서, '유익함, 즐거움, 좋음', 이 세 가지가 사랑할 만한 것이 된다.

이어서 아리스토텔레스는 무생물에 대한 애호(philēsis)와 우정을 비교하면서, 우정이 성립하기 위한 조건을 말한다(1155b27-1156a4). 우리는 무생물에 대한 애호를 우정이라고 말하지 않는데, 그 이유는 무생물에게는 '상대에게 호응하는 사랑이나 상대방이 잘 되기를 바라는 마음이 없기 때문이다.' 반면에 우정 관계에 있는 사람들은 '친구가 잘 되기를 바라는' 선의(eunoia)를 가지고 있으며, 이러한 선의를 '서로 모르지 않는'다. 따라서 우정 관계가 성립하기 위해서는 '서로에 대해 선의를 갖고 있으며, 상대방이 잘 되기를 바라고 또 동시에 그러한 사실을 서로 모르지 않아야 한다.'

아리스토텔레스의 이 논의를 참고할 때, 상대가 잘 되기를 바라지 않는 관계와 상대의 선의를 받아들이지 않는 관계에서는 우정이 성립하기 어렵다. 우정이 성립하기 위해서는 상대가 잘 되기를 바라는 선의를 갖고 있어야 하며, 그 선의를 서로 인지하고 있어야 한다.

다. 우정의 종류

아리스토텔레스는 이어서 '우정의 종류는 하나인가 아니면 그 이상인가?'에 대해 논의한다. 이 물음에 대해 그는 '사랑할 만한 것은 좋음(άγαθον)이나 즐거움(ήδύ), 또는 유익함(χρήσιμον)'(1155b19) 세 가지이듯이 우정의 종류도 세 가지, 즉 유익 때문에 성립한 우정, 즐거움 때문에 성립한 우정, 좋음 때문에 성립한 우정이라고 주장한다(1156a6). 그리고 나서 이 셋을 다시 둘로 나누어 유익 때문에 성립한 우정과 즐거움 때문에 성립한 우정의 한계를 지적하고, 좋음 때문에 성립한 우정의 특징에 대해 설명한다.

1) 유익 때문에 성립한 우정과 즐거움 때문에 성립한 우정의 한계

유익을 이유로 서로를 사랑하는 사람들은 서로를 그 자체로서 사랑하는 게 아니라 상대로부터 자신에게 어떤 유익함이 생겨나기 때문에 사랑하는 것이다. 즐거움을 이유로 서로 사랑하는 사람들도 마찬가지이다. 그들은 상대가 즐거움을 주기 때문에 사랑하는 것이다. 유익 또는 즐거움 때문에 상대를 사랑하는 사람들은 상대를 바로 그 사람이라는 이유로 사랑하는 것이 아니라 그가 유익 또는 즐거움을 주기 때문에 사랑하는 것이다. 아리스토텔레스는 이러한 우정은 '우연적인 의미에 따르는'(1156a17)것 이라고 말한다. 왜냐하면 사랑받는 사람이 그 자체로 사랑을 받는 것이 아니라 유익 또는 즐거움을 주는 한에서만 사랑을 받기 때문이다(1156a10-18).

유익 또는 즐거움에 근거한 우정이 갖는 문제는 그러한 우정이 오래 가지 못한다는 점이다. 상대가 더 이상 유익 또는 즐거움을 주지 않을 경우 이 우정은 해체되고 만다(1156a19-23). 유익에 근거한 우정은 나이 든 사람들과 전성기에 있는 사람들이나 젊은이들 중에서 이익을 추구하는 사람들 사이에 많이 성립한다(1156a24-27). 반면에 젊은이들 사이의 우정은 즐거움 때문에 성립하는 경우가 많다. 젊은이들은 감정에 따라 살며, 주로 자신들에게 즐거운 것을 추구하고, 또 지금 현재를 중시하기 때문이다. 그런데 문제는 나이가 들어감에 따라 즐거운 것이 달라진다는 것이다. 바로 이런 이유로 즐거움에 기반한 젊은이들의 우정은 쉽게 형성되고 또 쉽게 해체된다(1156a32-1156b1). 이와 같이 아리스토텔레스는 유익 또는 즐거움 때문에 성립한 우정은 오래 지속되지 못하는 문제가 있음을 지적한다.

2) 좋음(άγαθων) 때문에 성립한 우정의 특성

유익 또는 즐거움 때문에 성립한 우정의 한계를 지적한 후, 아리스토텔레스는 가장 완전한 우정은 좋은 사람들, 즉 탁월성에서 유사한 사람들 사이에 성립한 우정이라고 말한다. 이들은 다른 어떤 이유 때문이 아니라 그들 자체로 좋은 사람들이며, 또 이들은 서로가 잘 되기를 똑같이 바라는 사람들이다. 친구를 위해 친구가 잘 되기를 바라는 사람이 최고의 친구인데, 이들이 이러한 태도를 가지는 것은 우연한 것에 따른 것이 아니라 그들 자신을 이유로 한 것이다. 따라서 이들 사이의 우정도 그들이 좋은 사람인 한 유지된다. 그런데 탁월성은 지속적인 것이다. 따라서 이들 사이의 우정도 지속적일 수 있다(1156b6-19). 이와 같이 아리스토텔레스는 탁월성에서 유사한 사람들 사이에 성립한 우정이 완전한 우정이며, 이러한 우정은 오래 지속된다고 말한다.

그런데 아리스토텔레스는 이러한 완전한 우정이 드문 것 같다고 말한다. 왜냐하면 좋은 사람들, 즉 탁월성에 이른 사람들은 소수이며, 게다가 이런 우정을 위해서는 많은 시간과 사귐이 필요하기 때문이다. 서로가 서로에게 사랑할 만한 사람으로 보이고 그렇게 신뢰가 쌓이기 전까지는 친구로 받아들일 수도 또 친구일 수도 없다(1156b25-30). 따라서 완전한 우정은 드물다는 것이 아리스토텔레스의 통찰이다.

라. 완전한 우정

완전한 우정은 좋은 사람들, 즉 탁월성에서 유사한 사람들 사이에 성립한 우정이다. 반면에 유익 또는 즐거움 때문에 성립한 우정은 '우연적인 의미에 따른' 불완전한 우정이다. 이러한 우정은 유익 또는 즐거움이 사라지면 해체되고 만다. 유익 또는 즐거움 때문에 생긴 우정은 열등한 우정이다. 반면에 좋은 사람들 사이에 탁월성의 유사함으로부터 형성된 우정은 완전한 우정이다.

아리스토텔레스는 우정의 중요한 특징으로 '함께 시간을 보내며 서로에게서 기쁨을 느끼는 것'을 말한다. 그는 성마르고 나이 든 사람들은 서로 선의를 가지고 있으나 온전한 친구가 될 수 없다고 말한다. 왜냐하면 그들은 '함께 시간을 보내지도 않고 서로에게서 기쁨을 느끼지도 않기 때문'이다(1158a2-10). 따라서 '함께 시간을 보내며 서로에게서 기쁨을 느끼는 것'은 우정의 중요한 특징이라 할 수 있다.

우정은 사랑하는 것과 사랑받는 것 중 어느 것에서 더 잘 성립할까? 이 물음과 관련하여, 아리스토텔레스는 일반적으로 많은 사람들은 사랑하기보다는 사랑받기를 더 바라는 편이 있지만, 우정은 사랑받는 것보다는 사랑하는 것에서 더 잘 성립한다고 주장한다. 예로써 자녀에 대한 어머니의 사랑을 든다. 어머니들은 자녀를 사랑하는 데서 기쁨을 느낀다. 따라서 우정은 사랑하는 데서 더 잘 성립하며 친구를 사랑하는 사람은 칭찬을 받는다(1159a13-35).[5]

마. 품성 상태로서의 우정

우정은 하나의 감정일까 아니면 품성 상태일까? 이에 대해 아리스토텔레스는 우정은 감정이 아니라 품성 상태라고 주장한다. 우선 그는 우정과 탁월성의 관계, 그리고 탁월성의 유에 대한 고찰을 상기시키면서 우정이 품성 상태임을 추론한다. 우정은 '일종의 탁월성이거나 탁월성을 수반'(1156a1)하는데, 탁월성은 감정이 아니라 품성 상태이므로

5 이 부분의 논의는 유치환의 '행복'이라는 시의 "사랑하는 것은 사랑을 받느니보다 행복하나니라"라는 구절의 내용과 일맥상통한다.

(1105b20-1106a13), 우정도 감정이 아니라 품성 상태이다(1157b5-7). 또한 우정은 우정의 성립 조건에서 살펴본 바와 같이 사람들이 '서로 호응하여 사랑하는 것'(1157b30)인데, '서로 호응하여 사랑하는 것'은 합리적인 선택과 함께하는 것이며, 합리적인 선택은 품성 상태로부터 나오는 것이다. 나아가 완전한 우정의 특징인 '사랑하는 사람들 자체를 위해서 그들에게 선을 바라는 것'(1157b32)은 감정에 따른 것이 아니라 품성 상태에 따른 것이다.' 따라서 우정은 감정이 아니라 품성 상태이다.

바. 우정과 정의

친구 사이에 정의는 필요할까 불필요할까? 이 물음과 관련하여, 아리스토텔레스는 "우정과 정의는 동일한 것에 관계하며 같은 사람들 사이에 존재하는 것"(1159b25)으로 보이므로 친구 관계에서도 정의는 매우 중요하다고 말한다. 그리고 "교제가 존재하는 바로 그만큼 우정이 존재하며, 정의 역시 바로 그만큼 존재한다"(1159b30)라고 하여 우정이 깊을수록 정의도 그에 비례해서 중요해진다고 말한다.

부정의도 보다 가까운 친구들을 향한 것이라면 더 커진다. 예를 들어 매우 친한 친구에게 지불해야 할 금전을 지불하지 않는 것은 동료 시민에게 그렇게 하는 것보다 더 심한 부정의이다. 결론적으로 우정과 정의는 동일한 사람들 사이에서 존재하며 서로 동일한 영역에 걸쳐 있고, 우정과 더불어 정의에 대한 요구도 함께 증대된다(1160a3-9).

사. 우정과 자기애

우정과 자기애는 어떤 관계에 있을까? 아리스토텔레스는 우정과 자기애의 관련성에 관해 제법 길게 논의한다(1166a1-1166b29, 1168a28-1169b3). 많은 연구가들은 아리스토텔레스의 이러한 논의가 지나치게 인위적이며, 아리스토텔레스 윤리학 전반의 자기중심적 성격을 확인할 수 있는 대목이라고 평가하기도 한다(강상진, 2003: 115-116). 그러나 이 논의를 통해 아리스토텔레스가 하고자 하는 이야기는 우정과 자기애가 대립할 수 없다는 것이다. 우정과 자기애의 관계에 관한 아리스토텔레스의 논의를 살펴보자.

그는 이 논의를 출발하면서 "가까운 사람들을 향한 '친애적 태도나 감정'(philika)들은 자기 자신에 대한 '친애적 태도나 감정'들에서 온 것처럼 보인다"(1166a1)라고 말한다. "사람들은 상대방을 위해 좋은 혹은 그렇게 보이는 것을 바라고 행하는 사람, 혹은 바로 그를 위해서 그가 존재하고 살아 있기를 바라는 사람, 혹은 같이 지내고 동일한 가치를 선택하는 사람, 혹은 고통과 기쁨을 더불어 함께 나누는 사람을 친구로 본다(1166a3-8)." 그런데 이러한 태도나 감정들은 "훌륭한 사람이 자기 자신에 대해 가지는 태도나 감정에서도 발견된다(1166a10)." 훌륭한 사람은 자기 자신과 일치해서 생각하고 영혼 전체에 걸쳐서 동일한 것을 욕구한다. 그는 자신에게 좋음과 그렇게 보이는 것을 바라며 실제로 행하는데, 그가 이렇게 하는 이유는 바로 자기 자신을 위해서이다(1166a14-17). 훌륭한 사람은 자기 자신에 대해서도 이것들 하나하나를 가지고 있을 뿐만 아니라, 친구에게도 이것들을 가지고 있다. 왜냐하면 훌륭한 사람에게 친구는 또 다른 자기이기 때문이다(1166a30).

이 논의를 좀 더 명료하게 하기 위해 아리스토텔레스는 열등한 사람의 자기애와 훌륭한 사람의 자기애를 구별한다. 열등한 사람은 '자기 자신을 제일 아끼는 사람'이며, '모든 것을 자기 자신을 위해서 행하는' 사람이다. 그들은 '자기와 아무 상관이 없으면 아무것도 하지 않는다'는 혹평을 받는다. 반면에 훌륭한 사람은 고귀함을 이유로 모든 것을 행하며, 그가 훌륭할수록 더 고귀함을 이유로 행하거나 또 친구를 위해서 행하며 자기 자신의 것을 미루어 놓는다(1166a28-35). 그런데 탁월성에서 닮은 사람 간의 우정은 훌륭한 사람들 간의 우정이므로, 그들의 우정과 자기애는 열등한 사람의 자기애와는 분명히 구별된다.

훌륭한 사람은 비난받는 것과는 다른 종류의 자기애에 따라 자기를 가장 사랑하는 사람이다. 그는 이성에 따라 사는 삶과 감정에 따라 사는 삶의 차이만큼, 또 고귀한 것을 추구하는 것과 유익이 되는 것으로 보이는 것을 추구하는 것의 차이만큼, 비난받는 종류의 자기애와는 다른 방식으로 자기를 사랑하는 사람이다. 그들의 자기 사랑은 고귀한 것을 행함으로써 자기 자신을 기쁘게 하고 다른 사람들에게 유익을 준다는 의미에서의 자기 사랑이다. 그들은 자신이 해야만 하는 바로 그것들을 실제로 행하는 사람들이다(1169a4-18).

이상의 논의를 통해 아리스토텔레스는 친구에 대해 갖는 우정의 태도나 감정을 훌륭한 사람은 자기 자신에게도 똑같이 갖는다고 주장한다. 따라서 우정과 자기애는 대립하지 않으며, 오히려 우정은 친구에게로 향해 있는 자기애라고 할 수 있다는 것이다.

아. 우정과 행복

우정은 행복과 어떤 관계를 가질까? 우정 없이 행복이 가능할까? 이 물음과 관련해서 두 가지 의견들이 존재한다. 하나는 행복한 사람은 '지극히 복되고 자족적인 사람들이므로 그들에게는 친구가 전혀 필요하지 않다'(1169b4)는 주장이고, 다른 하나는 '행복한 사람은 좋은 것을 모두 갖게 되는데, 외적인 좋음 중에 가장 큰 것으로 보이는 친구를 갖지 못한다는 것은 이상하다(1169b8)'는 주장이다.

이 두 가지 주장 중에 아리스토텔레스는 후자의 주장을 지지한다. 그의 논거는 다음과 같다. 우선 친구가 하는 일이 선행을 받는 것이 아니라 잘해 주는 것이라면, 또 선행을 베푸는 것이 좋은 사람과 탁월성이 하는 일이라면, 친구에게 잘해 주는 것은 고귀한 일이다(1169b10). 또 친구가 없다면 외로운 사람인데 행복한 사람이 외롭다는 것도 이상한 일이다(1169b18). 인간은 본래 사회적 동물인데 외로운 사람이 행복한 사람이라고 할 수는 없다. 따라서 행복한 사람은 자신의 고귀함을 실행하기 위해 그리고 행복 그 자체가 타인과의 관계 속에서 이루어지는 것이므로 '행복한 사람에게도 친구들은 필요하다'(1169b22)는 것이 아리스토텔레스의 견해이다.

'지극히 복되고 자족적인 사람들에게는 친구가 필요하지 않다'는 입장을 '우월론'이라고 하고, '행복한 사람은 좋은 것 모두를 가지므로 친구 또한 가질 필요가 있다'는 입장을 '포괄론'이라고 할 수 있다. 그런데 아리스토텔레스는 행복한 사람은 친구가 필요하다는 관점을 지지하므로, 그의 행복론이 '포괄론'을 지지하고 있다고 말할 수 있다.

자. 친구의 수

친구의 수는 얼마가 적절할까? '가능한 한 많은' 친구를 사귀는 것이 좋을까, 아니면

'너무 많지도 않고 아주 없지도 않은' 정도의 친구를 사귀는 것이 좋을까(1170b20)? 이 물음과 관련하여 아리스토텔레스는 유익을 이유로 맺어진 친구의 경우에는 '너무 많지도 않고 아주 없지도 않은 정도가 적절한 친구의 수일 것이라고 말한다. 왜냐하면 '다수의 사람들에게 되갚는 것은 부담이 되는 일이고, 우리의 삶은 그것을 행할 정도로 충분히 길지 않기 때문'이다.

아리스토텔레스는 '많은 사람들과 동시에 에로스적인 사랑에 빠지는 일이 불가능한 것처럼, 많은 사람들과 완전한 우정에 따라 친구가 되는 일은 불가능하다(1158a12)'고 말한다. 많은 사람들이 동시에 동일한 한 사람의 마음에 드는 일은 쉽지 않으며, 많은 사람들이 좋은 사람이기도 쉽지 않다. 또 완전한 우정을 위해서는 서로를 잘 알아야만 하고 오랫동안 함께 지내 봐야 하는데 이것 역시 매우 어려운 일이다(1158a12-18). 따라서 많은 사람들과 완전한 우정에 따라 친구가 되는 일은 불가능하다. 따라서 '즐거움을 위해서는 소수의 친구로 충분하다'고 말한다(1169b23-28).

그런데 신실한 사람들을 친구로 가지는 경우에는 어떨까? 가능한 한 많은 수를 가져야 할까, 아니면 알맞은 수가 있을까? 이 물음과 관련하여 아리스토텔레스는 어떤 특정한 수를 제시하지 않으면서, '친구들의 수효는 규정된 것이 아니며, 그들과 함께 살 수 있는 최대한의 수(1171a2)'가 알맞다고 말한다. 많은 사람들과 함께 사는 것, 또 그 속에서 자기 자신을 나누어 주는 것은 불가능하며, 또 그 많은 사람들 모두가 서로 함께 지내려면 그들끼리도 서로 친구여야 하는데 이것 역시 불가능하다. 또한 많은 사람과 기쁨과 슬픔을 나누는 것도 불가능하다. 따라서 '가능한 한 많은 친구들을 가지는 것보다는 함께 살기에 충분한 수만큼만 가지는 것이 좋을 것이다(1171a9).' '함께 살 수 있는 최대한의 수', 바로 이것이 아리스토텔레스가 생각하는 친구의 수이다.

차. 친구의 행복과 불행

친구들은 좋은 처지에 있을 때 더 필요한가, 아니면 곤경에 처했을 때 더 필요한가? 이 물음은 오늘날에도 많이 제기되는 물음이다. 오늘날 우리가 자주 듣는 '어려울 때 친구가 진짜 친구'라는 말은 곤경에 처했을 때 친구가 더 필요함을 강조하는 말이다. 아리스토텔레스는 이 물음과 관련하여 일단 '두 경우 모두 친구를 찾게 된다'고 말한다. 곤경에 처했을 때는 도움이 필요하고, 좋은 처지에 있을 때는 함께 그 기쁨을 누릴 사람이 필요하기 때문이다. 그렇지만 좋은 처지에 있을 때의 우정이 더 고귀하다고 말한다. 왜냐하면 곤경에 처했을 때는 유익을 위해 친구를 필요로 하지만, 좋은 처지에 있을 때는 좋은 일을 하기 위해 친구가 필요하기 때문이다(1171a21-28).

아리스토텔레스는 좋은 처지는 친구들과 가능한 한 많이 나누라고 조언한다. 좋은 처지에 있을 때 친구들이 곁에 있다는 것은 즐거운 삶을 영위할 수 있게 해 주고, 또 자신이 잘 되는 것에 대해 친구들이 즐거워하고 있다는 생각을 하게 해 준다. 따라서 좋은 처지를 나누는 일에는 기꺼이 친구들을 초대해야만 한다. 반면에 역경을 나누는 일은 주저해야 한다고 말한다. 왜냐하면 그것은 나쁜 일을 나누는 것인데, 탁월성을 갖춘 사람은 나쁜 일을 가능한 한 적게 나누어야 하기 때문이다. '불행은 나 하나로 족하다'는 속담이 의미하는 바가 이런 것이다(1171b13-19).

한편 아리스토텔레스는 역경에 처한 친구는 가능한 한 빨리 가서 도와주고, 좋은 처지에 있는 친구가 베푸는 선행은 천천히 받으라고 말한다. '친구가 역경에 처해 있음을 알았을 때는 친구가 부르지 않더라도 흔쾌히 달려가 친구를 도와주어야 한다. 반면에 좋은 처지의 친구와 기쁨을 함께하는 것은 해야 할 일이지만, 선행을 받는 일은 천천히 해야 한다(1171b20-25)'고 말한다.

3. 우정은 함께 걸어가는 것

지금까지 아리스토텔레스의 우정론을 살펴보았다. 아리스토텔레스는 우정은 탁월성이거나 또는 탁월성을 수반하는 것이며 삶에서 가장 필요하고 고귀한 것이라고 말한다. 친구들의 우정은 대개 유익, 즐거움, 좋음 때문에 성립하는데 그중에 유익 또는 즐거움 때문에 성립하는 우정은 오래 가지 못하는 불완전한 우정이라고 말한다. 따라서 우리가 추구해야 할 우정은 좋음 때문에 성립한 완전한 우정이며, 이러한 우정 관계를 형성하기 위해서는 우선 자기 자신부터 탁월성을 지니도록 노력해야 한다고 강조한다. 나아가 친구 사이에서도 정의는 반드시 필요하며, 친구 사이의 부정의는 다른 인간관계에서의 부정의보다 더 나쁘다고 강조한다. 우정과 자기애는 대립하지 않으며, 우정이 없는 행복은 불가능하다고 말한다. 한편 지나치게 많거나 적은 친구의 수보다는 함께 지내기에 알맞은 수의 친구를 사귀어야 하며, 친구의 행복과 불행에도 함께 나누어야 한다고 말한다.

끝으로 우정에 관한 몇 구절들을 읽어보도록 하겠다.

> 우정은 솔직한 모습을 보이는 것이고, 웃음 짓게 하는 것이다.
> 우정은 무얼 할까 같이 찾는 것이며, 항상 옆에 있는 것이다.
> 우정은 서로의 생각을 나누는 것이며, 만나고 싶을 때 부르는 것이다.
> 우정은 여러 명과 같이 할 수 있으며, 화를 내다가도 화해하는 것이다.
> 우정은 주고받는 것이며, 함께 걸어가는 것이다.

학습 활동

1. 다음 ( ) 안에 들어갈 표현을 쓰고, 왜 그렇게 생각하는지 이유를 서술하시오.

"우정은 ( )이다."

2. 나는 나의 친구들에게 즐거움, 유익, 좋음 중에 무엇을 주고 있는지 살펴보시오.

3. 아리스토텔레스의 우정론을 참고하여, 자신의 친구 관계를 성찰해 보시오.

제3장 생명 존중

1. 오늘날 생명 존중이 필요한 이유

오늘날 생명 위기 현상을 두 가지 기술해 보시오.

현대 사회에서 생명 위기 현상을 찾는 것은 그리 어려운 일이 아니다. 타인의 생명뿐만 아니라 자신의 생명까지도 해치는 일들이 적지 않게 발생하고 있다. 이런 생명 위기 현상을 보면서 우리는 생명을 소중히 여기는 문화의 필요성과 그러한 문화를 건설하는 방안의 중요성을 인식하게 된다. 생명의 위기는 근본적으로 생명에 대한 올바른 이해가 부족한 데에서 발생한다고 볼 수 있다. 이 장에서는 생명 존중을 위한 다양한 관점들을 살펴보고자 한다.

2. 생명은 고귀하고 소중한 것

생명이라는 말은 각각의 학문 분야에 따라 다양한 의미로 사용되고 있다. 따라서 생명이란 단어에 대해 모두가 동의할 수 있는 하나의 통일된 정의를 찾기는 쉽지 않고, 같은 학문 분야에 종사하는 사람들 간에도 관점에 따라 생명에 대한 정의가 일치하지 않기도 한다. 일반적으로 사람들은 생명을 살아 있는 것, 또는 목숨을 의미하며 생명체의 다양한 현상에서 추출할 수 있다고 생각하고 있다. 예컨대, 생명체는 조직적이며 물질대사를 하고 성장하고 자신과 꼭 같은 것을 번식시키며 자연환경으로부터 에너지를 받아 생명 현상을 유지한다.

그런데 이러한 생명 현상에 대한 기술(記述)만 가지고는 생명의 본질을 다 밝혀낼 수가 없다. 생명 현상을 연구하는 생명 과학은 생명의 본질을 제대로 충분히 다룰 수 없다. 밖으로 드러나는 생명 현상은 설명될 수 있는 측면이 있으나 생명의 본질은 설명될 수 없고 다만 체험을 통해 이해될 수 있을 뿐이다. 생명 하나하나는 일회적이고 영혼이 깃들어 있으며 정서적인 느낌을 통해서 이해될 수 있을 뿐이다. 따라서 생명은 그 무엇으로 환원될 수 없는 초합리적이고 신비한 것이다. 우리는 생명이 의미가 충만한 것이고 가치가 충만한 것이라고 믿으며, 고귀하고 소중한 것이고 신성한 것이라고 생각할 수 있을 뿐이다. 그래서 생명을 소중히 여기는 것은 바람직하지만, 생명에 손상을 입히는 것은 바람직하지 않다고 말할 수 있을 뿐이다.

우리 민족은 인간과 생물의 모든 생명을 아끼고 살생은 불가피한 경우에만 할 수 있다는 살생유택(殺生有擇)의 정신을 지니고 살아왔다. 이러한 생명 존중 사상은 단군신화를 비롯하여 화랑도의 세속오계, 동학사상에 이르기까지 연면해 왔다. 동방 사상은 천(天), 지(地), 인(人) 3재(三才)를 근원적으로 하나로 본다. 우리는 인간과 자연이 본래 하나임을 생각할 수 있어야 한다. 천지인(天地人)이 상생(相生)하면서 온 누리를 온전하게 한다는 것이 동양의 성현들의 가르침이다. 역경(易經)은 “만물이 본래 가지고 있는 천성(天性)을 그대로 실현시켜 그 생명 발전을 끊임없이 존속하게 하는 것이 도의(道義)가 할 일이

다"[成性存存 道義之門]라고 했다.[6]

3. 슈바이처의 생명 외경 사상

알베르트 슈바이처(Albert Schweitzer, 1875~1965)는 제1, 2차 세계대전을 경험하면서, 문화의 위기와 생명의 위기를 목격했다. 이러한 위기를 극복하는 방안으로 슈바이처는 '사유하는 세계관', '낙관적이고 윤리적인 세계관', '삶의 의미와 생명의 의미에 관해 숙고하는 세계관'을 제시했다.

- **사유하는 세계관**: 사유(思惟)로부터 나오고 사유에 의해 조회되는 것만이 모든 인류에 대해 정신적 힘이 될 수 있다.
- **낙관적이고 윤리적인 세계관**: 윤리와 긍정적인 세계관이 결합할 때 윤리의 범위가 확대되고 문화가 산출되며, 문화의 미래는 우리의 사유가 '세계 긍정'과 '생명 긍정'의 낙관주의와 윤리를 얼마나 확고하게 그리고 기본적으로 유지하느냐에 달려 있다.
- **삶의 의미와 생명의 의미에 관해 숙고하는 세계관**: 삶(life)과 생명(life)은 그 어원이 같다. 최종적인 것과 기본적인 것에 관한 자의식이야말로 인류가 유일하게 신뢰할 수 있는 가치 척도이다. 모든 가치 있는 정신생활의 시작은 진리에 대한 불굴의 믿음과 진리에 대한 공개적 고백이다. 삶의 의미 그리고 생명의 의미를 숙고하는 것은 그 자체로 의미가 있다.

슈바이처의 삶은 자신의 이러한 세계관을 발전시키고 실천에 옮긴 과정이라 할 수 있다. 이런 점에서 그의 생애를 살펴보는 것은 의미 있는 일이다.

---

6 진교훈, 『현대사회윤리연구』, 도서출판 울력, 2003. 313-314쪽.

가. 슈바이처의 생애

1875년 1월 14일 엘자쓰(Elsaß, 당시는 독일 영토, 제1차 세계대전 후 프랑스 영토가 됨) 지방에서 출생한 슈바이처는 같은 해 7월 귄스바흐(Guensbach)로 이주한다. 그의 부친은 이곳에서 평생 목사로서 생활한다. 슈바이처는 김나지움 시절부터 오르간을 배웠다.[7] 1893년부터 슈트라스부르크(Starassburg) 대학에서 신학과 철학을 공부했고 음악 이론도 계속 공부했다. 1894~1895년에는 슈트라스부르크의 보병연대에서 군 복무를 했다. 1896년(21세) 성령강림일[8]에 30세가 되면 '직접적으로 인간을 위한 봉사'를 하겠다고 결심했다.

그 이후 파리의 소르본 대학과 베를린 대학에서 신학, 철학, 음악 등을 계속 공부한 그는 1899년 8월 칸트의 종교 철학에 관한 연구로 슈트라스부르크 대학에서 철학 박사 학위를 취득한다. 같은 해 12월 슈트라스부르크에 있는 성 니콜라이 교회의 교육 부목사가 되고, 그 다음 해에 최후의 만찬에 관한 연구로 신학 박사 학위를 취득한다. 1902년 슈트라스부르트 대학 신학부에서 강의를 하고, 1903년~1906년에는 슈트라스부르크에 있는 성 토마스 신학교의 학장직을 수행한다.

1905년 30세가 되자 가족, 친지, 친구들에게 의사가 되어 적도 아프리카로 가겠다는 결심을 알리고 의학 공부를 시작한다. 1910년 의사 국가고시에 합격하고, 1913년 "예수의 정신 의학적 판단"이라는 제목의 논문으로 의학 박사 학위를 받는다. 그 사이 1912년에 헬레네 브레쓰라우(Helene Breßlau, 1879~1957)와 결혼한다. 의사가 되어 아프리카로 가서 봉사하겠다는 슈바이처의 결심을 들은 헬레네는 1909년부터 간호사 교육을 받았다.

1913년(38세) 3월 21일 부인과 함께 귄스바흐를 떠난 슈바이처는 4월 16일 가봉의 람바레네(Lambarene)에 도착한다. 이곳에 첫 번째 병원을 건립하고 아프리카에서의 의료 활동을 시작한다(제1차 아프리카 활동, 1913~1917). 1914년 제1차 세계대전(1914~1918)이 일어나자

---

7 1913년(38세)에 가봉의 람바레네로 떠나기 전부터 슈바이처는 이미 음악가, 작곡가, 바흐 연구가, 오르간 제작자로 널리 알려졌다. 그는 바흐에 관한 책을 썼고, 평생 바흐의 오르간 연주곡을 정리하여 출판했다. 또한 그는 오르간 제작에 관한 책도 출판했다. 그는 100여 회에 달하는 오르간 연주회를 가졌고, 이 연주회 수입은 열대 병원을 건설, 유지하는 데 큰 도움이 되었다.

8 그리스도교에서 예수가 부활, 승천한 후 지상에 성령을 보냄을 기리는 축일로, 부활절 이후 50일째에 거행됨.

독일 국민이라는 이유로 8월에서 11월까지 자택에 연금된다. 그 후 다시 의사로서의 활동을 재개했으나 많은 빚을 지게 된다. 이 당시 그는 문화철학에 대해 연구한다. 1915년 오고웨(Ogowe)를 여행하던 중 "생명외경"(Ehrfurcht vor dem Leben) 개념을 구상한다. 슈바이처 부부는 1917년 프랑스로 압송되어 포로수용소에 수용된다. 이로써 그들의 제1차 아프리카 활동이 중단된다.

1918년 8월에 포로 교환을 통해 엘자쓰로 귀환한 그는 9월에 슈트라스부르크에서 1차 수술을 받는다. 같은 해 10월부터 슈트라스부르크 시립병원의 피부과 의사로, 그리고 성 니콜라이 교회의 부목사로 활동한다. 다음 해 1월 14일 딸 레나(Rhena)가 출생하고, 슈바이처는 여름에 2차 수술을 받는다. 1920년 봄과 여름 동안 스웨덴의 대주교 죄더브롬(Soederblom)의 초청으로 웁살라(Uppsala)에서 강연과 연주회를 연다. 이 당시 여러 곳에서 연주회를 열었고, 이 수입으로 빚을 청산하고 다시 람바레네로 가기로 결심한다. 이 무렵 취리히 대학에서 명예 박사 학위를 받고 교수직까지 제의받았으나 람바레네로 가기 위해 이를 거절한다.

1921년 슈바이처는 슈트라스부르크에서의 의사직과 목사직을 사임하고 귄스바흐로 돌아가 자유로운 저술가와 파이프오르간 연주가로 활동한다. 이 무렵 그는 문화철학에 몰두했고, 프라하 대학에서 문화철학을 강의하기도 했다. 1923년에 문화철학에 관한 그동안의 연구 성과를 모아 두 권의 책으로 출판한다. 그 첫 권이『문화의 몰락과 재건』이고, 둘째 권이『문화와 윤리』이다.

1924년(49세) 2월 21일 몸이 아픈 아내를 남겨 두고 람바레네로 떠난다(제2차 아프리카 활동, 1924~1927). 이 시기에는 옥스퍼드에서 화학과 지질학을 전공하는 길레스피라는 학생이 동행한다. 4월 19일 람바레네에 도착한 슈바이처는 폐허가 된 병원을 재건하고 의료활동을 시작한다. 활기를 띤 의료 활동으로 인해 어느덧 병원이 좁아져 1927년 새 병원을 지어 이사한다. 같은 해 7월 슈바이처는 유럽으로 귀환한다.

유럽으로 돌아온 그는 2년 동안을 대부분 연주회와 강연회 여행으로 보낸다. 1928년에 괴테 상을 수상한 그는 이 상금을 가지고 귄스바흐에 집[9]을 짓는다. 이 집은 이후 그

9 이 집은 현재 박물관과 문서보관소로 사용되고 있다.

의 유럽 활동의 중심지가 된다. 1929년 12월 그는 부인과 함께 람바레네로 떠난다(제3차 아프리카 활동. 1928~1932). 슈바이처 부인은 건강이 좋지 않아 3개월 만에 유럽으로 돌아온다. 1932년 유럽으로 돌아온 슈바이처는 유럽 각지에서 연주회와 강연회를 갖는다. 3월 22일에는 괴테 서거 100주기 기념 강연을 한다.

이후 그는 람바레네와 유럽을 오가면서 의료, 강연, 연주회, 저술 활동 등을 계속한다. 람바레네에는 총 14회를 다녀온 셈이다. 1949년 괴테 탄생 200주년 기념 강연을 하고, 이 강연료로 나환자촌을 건설하기 시작해 1955년에 완공한다. 1954년 노벨 평화상을 수상했고, 그 후 그는 세계 평화를 위한 강연과 활동을 계속한다. 그는 1965년 9월 4일 람바레네에서 생을 마감하고, 그 다음 날 그의 부인(1957년 사망) 곁에 묻힌다.

슈바이처는 참으로 다재다능했으며, 자신이 하고자 하는 일을 꾸준히 하는 모습을 보여 주었다. 오르간 연주자, 신학자, 목회자, 철학자, 의사, 사회활동가 등 그에게 붙일 수 있는 수식어는 매우 많다. 어렵고 분주한 삶 속에서도 저술 활동을 꾸준히 하여 생전에 무려 50여 권에 달하는 책을 출판했다.[10]

나. 생명 외경

슈바이처는 자신의 자서전에서 '생(生, life)에의 무한한 의지'가 우리 인간에게는 창조에의 의지로 그리고 사랑에의 의지로 나타난다고 이야기한다. 슈바이처의 생명 외경 사상은 그리스도교의 가르침과 밀접한 관련이 있다. 십계명 중 '살인하지 말라'는 계명에 대한 존중과 어머니의 기도("오 하느님, 살아서 숨 쉬는 모든 존재를 보호하고 축복하소서. 그들을 모든 악으로부터 지켜 주시고 그들로 하여금 평안하게 잠들게 하소서.")는 그에게 중요한 영향을 주었다고 한다. 살아 있는 모든 존재에 대한 존중은 슈바이처의 정신 속에 깊이 뿌리를 내리고 있었다.

살아 있는 모든 존재에 대한 존중은 박테리아에 이르기까지 살아 있는 모든 생명을 포함한다. 슈바이처는 생명의 위계를 설정하는 것에 반대한다. 서로 다른 생명이 갖는 가치를 구분하는 것은 결국 그러한 생명들이 인간들로부터 얼마나 멀리 떨어져 있는가

---

10 홍석영, "슈바이처의 문화윤리 사상", 이석호 외, 『서양 근 · 현대윤리학』, 인간사랑, 2003. 444-449쪽.

에 따라서 판단하고 평가하게 되는데, 이 기준은 순전히 주관적인 것이다. 그리고 이러한 구분에 따르게 되면 가치 없는 생명도 있을 수 있고, 나아가 그 생명을 상해하거나 살생하는 것은 아무런 문제가 되지 않는다는 잘못된 결론에 도달할 수 있기 때문이다.

생명 외경은 생명을 상해하거나 살생하지 않을 뿐만 아니라 생명을 돕고 고양시키는 것을 의미한다. 슈바이처는 임의적인 살생을 단호하게 거부한다. 생명 외경은 인간에게 자신이 피할 수 없는 궁지에 이를 경우에만 다른 생명을 죽이거나 해칠 수 있다고 말한다. 동물의 생명도 불가피할 경우에는 살생할 수 있으나, 무차별적인 살생은 죄악이다. 살생이 죄악인 이유로 슈바이처는 다음 두 가지를 제시한다. 첫째는 생명 그 자체가 고귀한 것이기 때문이며, 둘째는 살생이 살생하는 사람의 정신적 타락을 유발하기 때문이다.

살생은 희생자뿐만 아니라 그 행위를 한 사람 자신에게도 해를 입힌다. 반면에 친절은 상호 간에 긴장 관계를 만들지 않으며, 오히려 이미 존재하던 긴장을 완화시킨다. 친절은 불신과 오해를 떨쳐 버리고, 다시 그에 보답하는 친절을 유발한다고 슈바이처는 말한다.

슈바이처는 생명 외경을 노딕의 기준으로 본다. 그리하여 그는 '생명을 보존하고 촉진하는 것은 좋은 일이며 그것을 파괴하고 억제하는 것은 나쁜 일'이라고 말한다. 내가 나 자신에게 보이고 있는 바와 동일한 외경을 다른 모든 생명 의지에 대해서도 보이고자 하는 의무감을 스스로 체험하는 데 윤리적 옳음이 존재한다. 결국 윤리란 삶과 생명에 대한 긍정이며, 이는 우리에게 자신의 생명을 지속하는 일뿐만 아니라 낙관직인 열정으로 삶과 생명을 향유할 것까지 요구한다.

슈바이처의 생명 외경은 현재의 삶을 긍정하는 세계관이며, 살아 있는 존재에 대한 건실한 애정, 삶에 대한 건전한 열망이다. 살아 있는 생명체를 돕고 그들의 생명을 보존하려는 시도는 두 가지 바람직한 결과를 갖게 되는데, 그것은 생명을 보존할 뿐만 아니라 생명을 구하기 위해서 자신을 희생하는 사람의 정신을 다시 소생시킨다. 그것이 인간이든 아니든 간에 다른 존재의 생명을 증대시키는 자는 누구나 그 자신의 정신적 존재를 최고의 가치로 고양하게 된다.

생명 외경으로 인해 나는 나 자신의 존재를 최고의 가치로 끌어올리게 되고, 그것을 세계에 제공하게 된다. 따라서 슈바이처의 생명 외경은 자기완성의 윤리이기도 하다. 생명의 전반적인 보존이 바로 선이며, 진정으로 윤리적인 인간은 생명을 돕고자 하거나 아니면 적어도 살아 있는 어떤 것도 해치는 것을 삼가려는 깊은 의무감을 가진 사람이다. 슈바이처는 생명은 그 자체로 신성하며, 따라서 우리는 나무로부터 잎사귀 하나 다치게 하지 않고 꽃도 함부로 꺾지 않으며 한 마리의 곤충이라도 밟아 죽이지 않도록 주의해야 한다고 말한다.[11]

이처럼 슈바이처의 생명 외경 사상은 인간 생명뿐만 아니라 존재하는 모든 생명을 보존하고 해치지 말 것을 요청하고 있다.

4. 기본 가치이며 토대로서의 생명 가치[12]

인간 생명은 육체와 영혼이 하나로 모인 합일체이다. 육체와 영혼은 서로 간에 큰 차이가 있음에도 불구하고 모두 인간에게 속하며, 하나의 전체 즉 인간을 이룬다. 영혼과 육체는 동일하지는 않지만 인간 생명에서는 결코 분리될 수 없다. 이렇듯 인간은 육체와 영혼이 하로 결합된 전체이다. 이를 생명윤리에서 인간의 전체성이라 부른다.[13]

오늘날 인간 생명과 관련하여 인간의 전체성을 기본으로 하면서도, 인간의 육체 생명이 기본 가치를 지닌다는 점을 강조할 필요가 있다. 왜냐하면, 오늘날 어떤 생명 윤리학자들은 인간의 정신 능력 또는 영혼 능력에 관심을 가지면서, '지금 현재' 그러한 능력을 보여 주지 못하는 인간 생명을 차별하기 때문이다. 일례로 피터 싱어(Peter Singer; 1946~)는 "단순히 그 존재가 우리 종(호모 사피엔스-필자 주)의 구성원이기 때문에 그 존재의 생명에 우선성을 준다는 것"[14]은 종차별주의이며, "태아가 가지는 실제적 특징"[15]에 관심을 갖고 "합리성, 자기의식, 인식, 자율성, 쾌락과 고통 등 도덕적으로 관련되는 특징들을

---

11 W.S.사하키안, 『윤리학의 이론과 역사』, 박영사, 1986. 334-337쪽.

12 이 부분은 홍석영, 『인격주의 생명윤리학』, 한국학술정보, 2006. 225-228쪽에서 인용했다.

13 홍석영, 『인격주의 생명윤리학』, 한국학술정보, 2006. 149쪽.

Peter Singer, *Practical Ethics: Second Edition*. Cambridge University Press, 1993. 88쪽.

ibid.: 150.

공정하게 비교해 보면, 송아지, 돼지, 그리고 많이 조롱받는 닭이 임신 과정에서 어떤 단계의 태아보다 훨씬 더 앞서 있음이 드러난다. 만일 3개월 이전의 태아와 비교한다면, 물고기가 더 의식적이라는 징후가 보일 것이다"[16]라고 주장한다.[17] 인간의 오랜 역사 중에는 인간의 정신 능력을 강조하고 또 오해하여, 아직 정신 능력이 덜 발달했거나 또는 정신 능력을 상실한 것으로 여겨지는 구체적인 인간 존재, 예를 들면 노예, 아동, 여성, 장애인, 정신질환자, 종교적 이단자, 식물 상태의 인간 등을 차등의 위치에 놓기도 했다.

과연 이것은 인간 생명에 대한 올바른 이해라고 할 수 있을까? 오로지 '지금 현재'의 실제적 정신 능력만을 인간 이해의 중심으로 삼는 것은 오늘날 매우 많은 문제를 일으키고 있다. 인간의 정신은 실제적 능력일 뿐만 아니라 '원리적[본래적] 가능성'이다. 비록 지금 현재 행사하지 못할지라도 인간은 정신 능력을 원리적[본래적]으로 가지고 있다. 이것은 획득 가능하거나 상실 가능한 '사실적 가능성'과 구분된다. 예를 들어, 시각장애인은 시각 능력을 원리적[본래적]으로 가지고 있다. 그러므로 그는 개안(開眼) 시술을 통해 볼 수 있다. 반면에 돌[石]은 시각 능력을 원리적으로 갖고 있지 못하다. 따라서 돌은 개안 시술을 해도 결코 볼 수 없다. 모든 인간 존재는 정신 능력을 원리적[본래적]으로 갖고 있으며, 이에 근거하여 모든 인간 생명의 존엄성을 이야기할 수 있다. 이것이 인간의 정신 능력과 잠재성에 대한 올바른 이해이다.

이와 함께 오늘날 시급히 강조되고 재확인되어야 할 점은 인간의 육체 생명이 기본 가치를 지닌다는 점이다. 육체 생명이 있어야 정신의 원리적[본래적] 가능성을 실현할 수 있다. 정신 능력을 계발하여 발휘하고 싶어도 육체 생명이 없다면, 결코 정신 능력을 표현할 수 없다. 그리하여 일찍이 막스 셸러는 '정신을 활동하게 하고 실현시키는 것은 오로지 생명만이 할 수 있다'[18]고 갈파하고, 인간의 정신과 생명을 인간 전체의 관점에서 포괄하여 이해한다. 그는 '생명과 정신은 서로 본질적으로 상이하면서도 이 두 원리는 인간

---

16 ibid.: 151.

17 피터 싱어의 입장에 대한 비판으로는 졸고, "인간 생명에 대한 결과주의적 접근의 문제점", 한국국민윤리학회, 『국민윤리연구』, 제52호, 2003을 참조 바람.

18 Scheler M, 진교훈 옮김, 『우주에서 인간의 지위』, 2001, 133쪽.

에게서 서로 화합하고 있다'[19]고 이야기한다. 푈트너도 '인간의 육체는 인격의 세계 개방성을 실현하는 본질매개(Wesensmedium)'[20]라고 표현한다.

메를로-퐁티는 우리가 만년필을 찾을 때, 그것을 찾고 있는 손을 찾지 않는다는 점을 지적하면서, 몸은 대상과 다르다고 한다. 우리가 일상에서 체험하듯이 몸은 찾아야 할 대상이 아니라 모든 찾는 행위에 앞서 이미 벌써 전제되고 있는 것이다. 몸은 모든 지각과 모든 인식과 모든 의욕과 모든 행위의 기반이다. 우리는 육체 생명을 통해서 지각하며 사색하며 세계와 관계를 맺는다. 그러므로 몸은 결코 의식이나 정신을 단지 표현하기만 하는 도구가 아니다. 오히려 몸은 우리의 생각과 행동의 살아 있는 표현 현상 그 자체와 같은 것이다. 따라서 메를로-퐁티는 인간의 몸과 의식은 서로의 경계를 확연히 구분 지을 수 없으며 오히려 애매하게 통일되어 있다고 이야기한다.[21]

인간의 육체는 결코 도구가 아니며, 오히려 인간은 육체를 가질 때 비로소 인간 전체로 존재할 수 있다. '인간은 육체를 가지고 있다'라는 명제는 결코 소유관계를 표현한 것이 아니다. 나는 내가 가지고 있는 어떤 도구(예를 들면 필기구)를 손에서 내려놓을 수는 있으나, 내 손을 내려놓을 수는 없다. 그러므로 '나의 육체가 곧 나이다'라는 명제도 가능하다. 누가 나의 몸을 공격할 때 그것은 나의 몸에 대한 공격에 머물지 않는다. 그 공격은 나의 몸에 대한 공격인 동시에 나의 영혼에 대한 공격이다.[22]

한편 가치론의 연구 성과에 따르면, 가치는 위계를 가지지만, 하위 가치가 상위 가치의 단순한 수단이 되는 것은 결코 아니다. 오히려 하위 가치는 상위 가치 실현을 위한 전제이다. 하르트만(N. Hartmann; 1882~1950)의 설명[23]을 살펴보자. 그는 가치의 순위를 '향락가치 → 재화가치 → 생명가치 → 윤리적 가치'로 나타내면서도, '선을 보다 높은 가치의 목적이라고 했지만,' '낮은 가치에 우선권을 주어야 할 경우도 얼마든지 있다'고 이야기한다. '왜냐하면 이 낮은 가치들은 기본적으로 강한 가치이며, 또 우리들이 살아가

---

19 ibid.: 132.

20 Pöltner G. *Grundkurs Medizin-Ethik*, Wien: Facultas, 2002, 70.

21 Merleau-Ponty, *Phänomenolgie der Wahrn*ehmung, 1945; 진교훈, 『의학적 인간학』, 서울: 서울대학교출판부, 2002, 302-302쪽 참조.

22 Pöltner G. Achtung der Würde und Schutz von Interessen, J. Bonelli(Hg.), *Medizin und Ethik*, Wien. New York: Springer-Verlag, 1992, 30-31쪽 참조.

23 N. Hartmann, 강성위 역, 『철학의 흐름과 문제들』, 서광사, 1988. 217-225쪽 참조.

는 데 꼭 필요한 것이며, 보다 높은 가치의 조건들이기 때문이다.' 그는 '낮은 가치들은, 적어도 일반적으로는, 보다 높은 가치들을 위한 기초요 조건들'이며, '낮은 가치들이 허물어져 버리면, 높은 가치들도 몰락하고 말 것이다'라고 말한다. 따라서 하르트만은 '보다 높은 가치들만 우대할 것을 요청하는 것이 아니라 보다 낮은 가치들도 우대하라고 요청한다.' '낮은 가치를 손상시키지 말라는 명령은 높은 가치를 실현시키라는 요청과 똑같이 뜻있는 것'이며. '낮은 가치에다 우선권을 인정해 주려는 경향은 높은 가치에다 우선권을 주려는 경향과 모순되지 않고 오히려 그것을 보완한다'고 그는 말한다.

이러한 가치론의 연구 성과를 고려한다면, 인간의 육체 생명은 인간의 정신 활동을 위한 단순한 수단이 결코 아니며, 오히려 정신 활동을 수행하기 위한 전제요 조건이다. 따라서 우리는 인간의 육체 생명에 기본 가치를 부여하지 않을 수 없다. 그러나 이를 극대화하여 인간의 육체 생명에만 기본 가치를 부여하는 것은 또다시 인간의 전체성에 어긋난다. 인간의 전체성과 육체 생명의 기본 가치를 종합적으로 이해하고 숙고하도록 해야 할 것이다.[24]

5. 생명 과학 기술 시대의 생명 존중

오늘날 생명 과학 기술의 발전은 매우 눈부시다. 그런데 생명 과학 기술이 과연 인간 생명을 온전히 존중하고 있는가에 관해서는 많은 논의가 이루어지고 있다. 여기에서는 맞춤형 아이에 관한 논의를 살펴보고자 한다.[25]

맞춤형 아이(designer baby)란 체외 수정 및 착상 전(前) 유전자 검사(preimplantation genetic diagnosis)를 통해 부모가 원하는 유전자를 가진 자녀를 출생하려는 시도를 가리킨다. 맞춤형 아이 시도를 통해 인간은 무엇을 실현하고자 하는 것인가? 그리고 이 시도에 대한 윤리학적 우려 사항은 무엇일까?

---

24 홍석영, 『인격주의 생명윤리학』, 한국학술정보, 2006, 225-228쪽.

25 이 부분은 홍석영, "선에 대한 윤리학적 탐구-생명과학기술이 추구하는 선에 관한 성찰", 한국윤리교육학회, 『윤리교육연구』, 제52집, 2019.4. 108-110쪽을 인용했다.

자녀에게 좋은 것만을 전해 주길 바라는 부모의 바람과 욕망이 부모의 가치관에 따라 아이를 설계하려는 시도로 이어지고 있다. 출산 전에 이루어지는 배아 및 태아 진단은 산모와 아기의 건강에 대한 염려에서 비롯되지만, 이것이 동시에 자신의 아이를 개량(improving)하고 싶은 바람과 연결되기도 한다. 이 바람은 특정 유전 형질을 가진 배아나 태아에 대한 부모의 취사선택으로 이어진다. 최근에 영국에서 이루어진 소위 '세 부모 자녀 사례'가 이러한 시도라 할 수 있다.[26] 세 부모 체외 수정 시술은 미토콘드리아 DNA의 결함을 지닌 여성의 난자에서 핵만 빼낸 뒤 기증자 여성의 핵을 빼낸 정상 난자에 주입하고, 이후 남성의 정자와 체외 수정하는 방식으로 이뤄진다. 여성 2명의 난자와 남성 1명의 정자가 사용되어 수정이 이루어지기 때문에 흔히 '세 부모'라 부르는 것이다. 태어난 아기는 생물학적으로는 아버지 1명과 어머니 2명을 두게 된다. 맞춤형 아기 시도에서 부모는 자신의 기준에 부합하는 배아를 선택하고, 그렇지 않은 배아를 배제한다. 맞춤형 아이를 통해 부모는 자기 뜻대로 자녀를 설계하여, 부모가 바라는 선을 실현하려고 한다.

부모의 이러한 시도가 부모 자녀 관계에 미칠 영향은 무엇일까? 독일의 철학자 하버마스(J. Habermas, 1929~)의 논의를 활용하여 이에 대해 살펴보자. 하버마스는 우선 부모의 시도에 대한 자녀의 동의 가능 여부를 검토한다. 그는 우선 치료와 강화를 구별한다. 질병 및 기형 치료를 목표로 배아에 개입하는 '임상적 태도'(clinical attitude)는 이를 통해 태어난 자녀가 훗날 이 개입에 동의할 것임을 추정할 수 있기 때문에, 문제가 되지 않는다고 그는 말한다.[27] 시각 장애가 발생하지 않게 하려고 배아 또는 태아 시기의 의료 시술에 부모가 동의했다는 사실을 알게 된 자녀는 부모의 그 결정에 동의할 개연성이 크다는 것이다. 반면 특정한 유전적 특질을 강화하려는 시도, 즉 자녀를 설계하려는 시도에 대해서는 사정이 다르다고 말한다. 이에 대한 자녀의 동의를 전제하기 어렵다는 것이다. 자녀가 시각 장애를 바라지 않을 것이라는 점은 추정 가능하지만, 특정한 신체(예를 들면 큰 키나 푸른 눈 등) 또는 특정한 능력(예를 들면 의학이나 음악 또는 체육에서의 뛰어난 소질)을 바란다는

---

26 하대청 외, 「'세 부모 아이' 대 '세 사람 아이': 영국의 미토콘트리아 기증 법령 분석」, 『생명윤리』 제16권 제2호(한국생명윤리학회, 2015. 12), pp. 49-66.

27 J. Habermas, *The Future of Human Nature*(Cambridge: Blackwell, 2003), p. 43.

점을 추정하기는 쉽지 않다는 것이다.

또한 하버마스는 인간 능력의 양가성(兩價性, ambivalence)을 지적한다. 동일한 어떤 능력이 때에 따라 축복이 되기도 하고 저주가 되기도 한다.[28] 큰 키와 높은 지능이 자녀의 성취를 높이는 데 긍정적으로 기여하기도 하지만 그로 인해 자만에 빠져 실패하거나 친구로부터 시기를 받는 고통을 겪을 수도 있다는 것이다.

맞춤형 아이 시도가 주는 더 큰 위험은 자녀를 부모의 욕망 실현의 도구로 만들 위험이 있다는 점이다. 아직 확정되지 않은[29] 자신의 삶을 스스로 구성해 나가고자 하는 자녀의 자발성은 약화되고, 설계자인 부모의 의도와 기대를 구현해야 하는 종속성은 커진다. 이에 대해 하버마스는, "강화를 목표로 하는 개입은 되돌릴 수 없는 제3자의 의도로 인해 한 인간을 옭아매어, 그에게 자기 자신을 자신의 삶과 분리될 수 없는 온전한 저자(author)로 이해하는 것을 방해하기 때문에, [개입당한 존재의] 윤리적 자유를 축소시킨다"[30]라고 지적한다.

하버마스에 따르면, 인간은 그 본질상 우리가 마음대로 통제할 수 없는 무언가와 관련해서 자유를 경험한다. 인간이 자유롭기 위해서는 자신의 기원을 인간이 마음대로 할 수 없는 어떤 시초(예를 들면 신이나 자연)에 둘 수 있어야 한다. 그런데 출생은 하나의 자연적 사실로서 우리가 통제할 수 없는 시초라는 요건을 본질적으로 충족한다. 부모의 인격적 사랑 속에서 태어난 아이는 유전적 우연성을 갖고 태어나기에 자신의 삶에 대해 자유를 갖는다. 반면에 유전적으로 디자인된 아이는 유전적으로 고정되어 있기에 자신을 설계한 부모의 의도에 종속될 수밖에 없다.[31]

질병 치료를 넘어서 유전적으로 강화된 맞춤형 아이는 자신에게 새겨진 부모의 욕망을 실현해야 하는 도구가 되고, 부모는 자신의 바람과 욕망에 따라 자녀를 설계함으로써 자녀의 자율성을 침해하고 나아가 자녀의 주인(Master)이 된다.[32] 유전적으로 설계된

---

28 위의 책, pp. 85-86.

29 이를 인간 삶이 갖는 '미정성(未定性)'이라 말할 수 있다. 아직 정해지지 않았기에 인간은 자신의 삶을 만들어 갈 자유를 가질 수 있다. 철학적 인간학에서는 인간의 이러한 특징을 '되어 가는 존재'라고 말한다.

30 J. Habermas, 앞의 책, p. 63.([ ]는 내용 이해를 위해 필자가 추가함.)

31 위의 책, p. 75.

32 S. Kampowski, "Human Desire and Transhumanism", 가톨릭생명윤리연구소·한국가톨릭철학회 공동학술대회 발표논문집, 『인간의 욕망과 몸』 (서울: 가톨릭생명윤리연구소, 2019), p. 14.

대상으로서의 자녀는 고유성과 자율성을 가지는 인격 존재로 인정받지 못할 수 있다. 부모 자녀 관계는 상호 주체성을 가지는 인격 관계를 형성하지 못하고, 설계자(designer)와 생산물(product)의 관계에 머물 위험이 있다.

학습 활동

1. 슈바이처의 생명 외경 사상의 주요 내용을 정리하시오.

2. "인간의 정신은 실제적 능력일 뿐만 아니라 '원리적[본래적] 가능성'이다"라는 진술의 의미에 관해 설명하시오.

3. 하르드만이 "낮은 가치를 손상시키지 말라"라고 주장한 이유를 설명하시오.

4. 맞춤형 아이 시도에 관한 하버마스 견해를 정리하고, 자신의 의견을 제시하시오.

5. 생명 존중을 위해 나는 어떤 삶을 살아야 하는가에 관해 서술하시오.

II.

심리활동을 통한 인성교육

이아라 경상국립대학교 심리학과

대학생 시기의 주요 발달 과업 중 하나는 건강한 대인 관계를 통해서 친밀감을 형성하는 것이다. 따라서 다양한 사람들과 건강한 관계를 형성하고, 타인과 적절하게 상호 작용하는 법을 배우는 것은 대학생 시기 인성 발달에 핵심적인 내용이 될 수 있다.

건강한 대인 관계 형성을 위해서는 자신의 생각과 정서를 명확하게 이해하고, 타인의 감정과 상황을 고려하며, 전달하고자 하는 내용을 적절하게 표현할 수 있는 의사소통 역량이 필요하다. 또한 자신과 타인의 차이를 이해하고 수용하며, 자신과는 다른 특성을 가지고 있는 타인을 존중할 수 있어야 한다.

따라서 이 장에서는 건강한 의사소통 역량을 강화하기 위한 목적으로, 공감, 다양성 그리고 자기표현에 대한 주제를 학습하고자 한다. 관련된 개념들을 살펴보고, 다양한 사례에 적용하는 연습을 통해 의사소통 역량을 개발할 수 있을 것으로 기대한다.

제1장 공감

◆ 생각할 거리

• 누군가에게 진심으로 공감 받는다고 느낀 경험이 있나요?

• 어떠한 내용에 대해, 누구로부터 공감 받았나요?

• 그 사람의 어떠한 언어적/비언어적 행동이 나로 하여금 '공감받는다고 느끼게' 했나요?

• 공감을 받았을 때, 어떠한 감정이 느껴졌나요?

공감이란 상대방의 시각과 입장에서 그 사람의 경험을 이해하고 함께 경험하는 것을 의미한다. 즉 공감이란 나의 관점이 아닌 다른 사람의 관점에서 그 사람의 경험을 이해하는 것이며, 인지적인 작업에 그치는 것이 아니라 경험적인 차원에서 이루어지는 것이다. 따라서 공감을 하기 위해서는 어떠한 상황을 경험하는 주체가 '나'에서부터 '타인'으로 옮겨 가는 과정이 필요하다. 나의 생각과 나의 감정에 초점을 둔 채 상대방의 경험을 이해하는 것이 아니라, '상대방이라면, 이러한 상황에 있을 때 어떠한 마음이 들 것인지'에 대한 질문에 대답하려는 노력이 필요한 것이다.

이러한 공감을 위해서는 무엇보다 먼저 경청의 단계가 필요하다. 평소 자연스럽게 나의 생각과 감정에 두고 있던 관점을 타인의 관점으로 옮기기 위해서는, 타인에게 어떠한 상황이 벌어졌는지, 타인이 어떠한 경험을 하고 있는지를 정확하고 구체적으로 이해하는 것이 필수적이기 때문이다. 따라서 이 장에서는 공감에 대한 이해에 앞서 경청의 방법을 살펴보고자 한다.

1. 경청의 방법

연습1

▶ 평소 나의 대화는?

수업을 듣는 수강생 중 모르는 사람과 함께 짝을 지어 봅시다.

순서를 정해서 말하는 사람과 듣는 사람의 역할을 번갈아 맡습니다. 먼저 말하는 사람의 역할을 맡은 사람이 "가장 관심있는 주제에 대한 생각과 감정"을 5분 동안 이야기 합니다. 듣는 사람은 평소 자신의 대화 모습대로 자연스럽게 대화를 나누어 봅시다.

대화가 끝나고 나면, 각각의 역할에 따라 다음의 내용을 적고, 서로에게 피드백합니다.

[말하는 사람의 역할]

1. 이야기와 관련하여 가장 전달하고 싶었던 내용은 무엇입니까?

2. 듣는 사람은 나의 이야기를 어떻게 듣고 있다고 느껴졌습니까? 그 이유는 무엇입니까?

3. 이야기를 할 때, 듣는 사람에게 바랐던 언어적/비언어적 행동이 있다면 무엇입니까?

[듣는 사람의 역할]

1. 말하는 사람이 가장 전달하고 싶었던 것은 무엇이라고 생각합니까?

2. 이야기를 들을 때 나는 어떠한 언어적/비언어적 행동을 한 것 같습니까?

3. 말하는 사람은 내가 '잘 들어주었다'고 느꼈을까요? 그 이유는 무엇입니까?

경청에서는 '상대방이 무엇을 전달하고자 하는지'를 파악하는 것이 중요하다. 상대방이 언어적 표현, 비언어적 표현을 통해서 진정으로 말하고자 하는 것이 무엇인지 들을 수 있어야 한다. 이를 위해서는 상대방이 언어를 통해서 직접적으로 말하는 말의 내용뿐만 아니라, 상대방의 자세, 목소리 크기, 속도, 표정 등을 통해서 말하고자 하는 것에도 귀를 기울여야 한다.

효과적인 경청을 하기 위한 구체적인 방법들을 살펴보자.

<표 1> 경청의 태도와 방법

	경청의 태도와 방법
경청을 방해하는 태도	· 상대방에 대한 선입견이나 편견을 가지고 내용을 평가하면서 듣는다. · 이야기를 들을 때 자신이 다음에 하고 싶은 말을 생각한다. · 문제를 해결하기 위해서 가능한 빨리 원인을 파악하고 해결 방법을 찾아서 조언한다. · 상대방의 마음을 알 것 같아서 가능한 빨리 공감적인 반응을 전한다. · 상대방의 말이 이해가 안 되어도 이해가 된 것처럼 반응한다. · 우울하고 힘든 이야기는 긍정적인 내용으로 바꿔주려고 노력한다.
경청하는 태도	· 말하고 싶은 본질적인 내용이 무엇인지 파악하면서 듣는다. · 사실적 내용뿐만 아니라 감정적인 메시지도 함께 파악하고자 한다. · 자세나 표정, 목소리 속도, 시선 처리 등의 비언어적인 표현으로 상대방에게 귀 기울이고 있음을 알린다. · 상대방이 하고 싶은 말의 속도와 마음의 준비를 존중하면서 듣는다. · 경청을 위한 주의 집중 기술(Hill & O'Brien, 1999)

- Eye: 눈 마주치기
- Nods: 고개 끄덕임
- Cultural difference: 문화적(맥락적) 차이를 존중
- Open stance: 상대방을 향해 열린 자세 유지
- Uhmm: 음(Uhmm) 등의 인정하는 반응 사용
- Relax: 편안하고 자연스럽게
- Avoid: 산만한 행동은 피하기
- Grammatical style: 상대방의 문법적 스타일에 맞추기
- Ear: 세 번째 귀로 듣기
- Space: 적절한 공간 사용

◆ 생각할 거리

연습1 에서 받았던 피드백과 '경청의 방법'을 비교해 봅시다.

- 나는 지금까지 상대방의 말을 얼마나 잘 경청하고 있었나요?
- 내가 더 잘 경청하기 위해서 무엇을, 어떻게 노력할 수 있을까요?

2. 공감의 정의

◆ 생각할 거리

- 내가 생각하는 공감이란 무엇인가요?
- '공감'은 '투사'와 다른가요? 무엇이 다른가요?
- '공감'은 '연민'이나 '동정심'과 다른가요? 무엇이 다른가요?
- '공감'은 '동의함'과 다른가요? 무엇이 다른가요?

공감의 개념을 이해하기 위해서, 먼저 학자들이 정의한 공감의 개념을 살펴보고자 한다. 다음은 다른 사람을 진정으로 공감한다는 것이 무엇을 의미하는지에 대한 구체적인 설명이다.

"공감은 다른 사람의 신발에 발을 넣었다가 다시 발을 빼어 쉽사리 자신의 신발을 되신

어 보는 능력이다. 이것은 신발을 신은 사람의 신발이 꽉 끼어서 그가 그 신발을 신은 사람이 누군가 다른 사람이었으면 하고 바랄 것이라고 느끼는 투사가 아니다. 또한 이것은 자신의 신발을 신은 다른 사람의 행동을 관찰하고, 그 상대방이 신발에 대해 당신에게 이야기하는 내용에 따라 그에게 반응하는 동정도 아니다." _Blackman, Smith, Brickman, & Stern, 1958.

"공감이란 다른 사람의 사적인 지각 세계에 들어가서 거기에 철저히 거함을 뜻한다. 이는 순간순간 그 사람 속에 흐르는 느껴진 의미의 변화와 두려움, 분노, 상냥함, 혼란 또는 그가 경험하는 모든 것에 민감함을 포함한다. 이는 일시적으로 그 사람의 삶을 살며, 판단하지 않고 그 속에서 부드럽고 섬세하게 옮겨 다니면서 그가 거의 인식하지 못하는 의미까지도 감지함을 말한다." _Rogers, 1975.

여러분이 생각하는 공감은 어떻게 정의될 수 있는가? 여러분이 생각하는 공감은 학자들의 정의와 얼마나 비슷한가? 학자들이 말하는 공감은 상대방의 이야기를 들을 때, '나'의 삶에서 벗어나 '상대방'의 삶에 집중하려는 노력을 반복해서 강조하고 있다.

3. 정서를 반영하고 공감하기

타인에게 공감하는 방법은 상황과 개인에 따라 다양할 수 있다. 아래의 내용은 공감의 과정을 구체적으로 설명해 놓은 것이다. 여러분이 누군가를 공감할 때 사용하는 방법과 얼마나 유사한지 참고해 보자.

먼저, 상대방의 이야기를 경청하면서, 상대방의 감정을 파악한다. 말로 전달되는 내용뿐 아니라 상대방이 지금 진심으로 표현하고자 하는 내용이 무엇인지에 관심을 기울인다. 이 과정에서 상대방이 세상을 바라보는 관점이나 특징적인 방식을 함께 이해하고자 한다.

둘째, 상대방이 세상을 바라보는 관점으로 상대방의 이야기와 경험을 바라본다. 이러한 관점에서 상대방이 어떠한 정서 경험을 할지 함께 경험하고자 노력하며, 경험하는 여러 정서 중 핵심적인 감정을 선별한다.

셋째, 상대방의 관점으로 지각된 정보와 경험을 토대로, 그 정서의 내용과 강도를 확인한다. 해당 정서를 적절하게 명명할 수 있는 정서 단어와 표현 방법을 고려한다.

넷째, 상대방의 관점과 삶에서 경험되는 정서의 내용과 강도를 가설적으로 표현한다.

4. 공감의 형태

공감의 과정뿐 아니라 공감한 내용을 표현하는 방법 역시 매우 다양할 수 있다. 그중에서 공감의 전형적인 형태를 살펴보고자 한다. 전형적인 공감 형태를 참고하되, 상대방이 깊은 공감을 경험할 수 있도록 전달하기 위해서 공감이 어떻게 다양하게 표현될 수 있을지 생각해 보자. 다만 특정한 공감의 형태를 기계적으로 사용하는 것은 권장하지 않는다.

① 상황에 대한 인지를 진술

예 "~ 한 것을 보니, ~ 하다는 이야기를 들으니"

② 느낌을 전달

예 "~ 할 것 같아"

"~ 라고 느껴질 것 같아"

"~ 하게 들린다. ~하게 보인다"

"말하자면 ~하게 느낀다는 말이지?"

"너에게는 ~마음이 들 것 같다"

"내가 듣기에 너는 ~를 말하고 싶은 것 같아"

5. 공감에서 주의할 점

적절한 공감은 상대방으로부터 관심받고 이해받는다고 느끼게 한다. 상대방은 공감을 통해서 자신이 수용받는 경험을 하게 된다. 이러한 경험은 신뢰롭고 친밀한 관계형성에 중요한 역할을 한다. 그러나 모든 행동이 그렇듯이 공감 반응 역시 사용할 때 주의해야 할 점들이 있다.

가. 너무 빠른 공감 반응은 지양한다

상대방의 입장에서 상황을 이해하려고 노력한다고 하더라도, 내가 이해한 모든 내용이 정확하기는 어렵다. 만약 공감의 속도가 너무 빠르다면 공감의 정확도는 더욱 감소할 수 있을 것이다. 상대방의 이야기를 구체적으로 듣고, 상대방이 세상을 바라보는 관점을 이해하며, 상황과 맥락에 대해서 충분히 파악하지 못한 상태에서 전달되는 공감은, 상대방의 관점이 아니라 나의 관점에서 판단한 내용이 포함되었을 가능성이 높다. 너무 빠르고 가벼운 공감은 상대방으로 하여금 오히려 이해받지 못한다고 느끼게 하고, 더 이상 자세한 이야기를 하고 싶지 않도록 만들 수 있다.

나. 상대방의 감정을 쉽게 추측하고 판단하지 않는다

때로 상대방이 처한 상황이 내가 경험한 상황과 매우 유사하다고 생각될 때가 있다. 이러한 경우 내가 그 상황에서 경험했던 것과 똑같은 정서를 상대방도 경험할 것이라고 생각하기 쉽다. 그러나 보다 적절한 공감을 위해서는, 상대방의 경험과 나의 경험이 완전히 똑같을 수 없다는 것을 기억해야 한다. 상대방과 나의 성격적 특성, 인지 체계, 과거의 경험은 같을 수 없다. 따라서 상대방의 이야기를 충분히 듣지 않아도 '어떤 마음이었는지 알 것 같은' 상황에서의 공감 표현은 더욱 신중할 필요가 있다. 이러한 정서 경험이 상대방의 관점에서 바라보고 경험된 것이 맞는지 확인하는 작업이 필요한 것이다. 공감은 나의 관점과 상황에 초점을 두는 것이 아니라 상대방에게 초점을 두는 것이라는 정의를 다시 한번 기억할 필요가 있다.

다. 공감되지 않으면서 공감하는 척 하지 않는다

공감은 함께 경험하는 것이다. 즉 함께 경험되는 정서가 없다면, 그것은 적절한 공감이라고 보기 어렵다. 내면에서 공감되는 것이 없는 채로, 기계적인 문구로 전달되는 피상적인 공감 반응은 오히려 관계에 부정적인 영향을 줄 수 있다. 상대방이 말하는 마지막 단어나 정서를 단순히 반복하는 반응 역시 상대방으로부터 진심으로 공감받는다고 느끼기 어렵게 한다. 충분히 경험되지 않으면서 '마치 공감하는 것처럼' 전달하는 반응이 반복된다면 상대방은 그 관계를 진솔하지 못한 관계로 경험할 것이다.

라. 상대방의 정서에 공감하는 것과 행동에 동의하는 것은 다르다

때로 비효율적이고 부적절한 행동을 하는 상대방과 의사소통을 하는 상황에서는 상대방의 관점에서 상대방의 정서를 경험하고 이해하는 것이 더욱 어려울 수 있다. 이때 상대방의 정서에 공감하는 것과 상대방의 부적절한 행동에 동의하는 것은 다르다는 것을 구분할 필요가 있다. 다시 말하면, 우리는 언제든지 상대방의 행동에 대해서 부적절하다고 생각하거나 그러한 행동을 지속하는 것에 대해서 동의하지 않을 수 있다. 그러나 그것과 별개로, 상대방이 그 상황에서 경험한 정서 자체는 이해하고 공감할 수 있다. 상대방의 행동이 잘못되었을지라도, 상대방이 느낀 정서는 그 상황과 맥락을 고려했을 때 충분히 이해될 수 있는 것이다. 공감을 한다는 것은 상대방의 모든 행동에 동의하거나 지지하는 것이 아니라, 상대방의 관점과 맥락에서 그 사람의 정서를 이해하고자 노력하는 것임을 구분해야 한다.

연습2

▶ 공감 연습 Ⅰ

다음의 상황에서 상대방의 입장과 관점에서 상대방의 정서를 공감하는 반응을 적어 봅시다.

상대방의 반응	공감 반응
형한테 나 이거 시험 한번 시도해 보겠다고 했거든? 근데 그렇게 말하니까, 완전히 비웃듯이 쳐다보는데... 마음에 안 든다는 표정을 하고 무시하는 눈빛으로... (고개를 흔들며, 한숨을 쉬면서) 내가 그 순간 너무 한심하게 느껴지는 거야….	
조교 제의를 받았는데... 저한테 좋은 기회일 수 있다고 생각했어요. 저한테 더 발전할 수 있는 기회라고 할까? 뭔가 잘 되면 앞으로 나아갈 수 있는 기회라고 생각했거든요. 진작부터 엄마한테 전화하고 싶어서 참았다가 오늘 휴일이라고 전화를 했단 말이예요? 근데 바로 돈 얘기부터 하잖아요. 어떻게 그럴 수 있는지 이해할 수 없어요.(울음)	
그러게 올해는 진짜 취업이 과연 될지 안 될지 나도 진짜 모르겠어. 사실 이대로라면 작년이랑 비슷한 상황 같거든? 그럼 또 다 망하는 거지 뭐 (웃음) 아 근데 뭘 어떻게 해야 하는지 방향이라도 조금 보이면 뭐라도 할 것 같은데... 진짜 막막하다. 올해도 다 안되면 나 어떻게 지내냐? 요즘 이런 걱정 때문에 잠도 안 와.(한숨)	
이제 대학 2학년도 거의 다 끝나가고 있지만, 사실 좀 학교에 실망이에요. 딱히 재밌는 일도 없고, 학과 생활이나 애들도 그냥 그렇고. 솔직히 대학이면 생각이나 체험도 많이 하고, 강의도 훨씬 수준이 높을 거라고 생각했거든요. 적어도 대학에 대한 로망 같은 게 있잖아요. 근데 고등학교 때 기대했던 게 하나도 이루어진 게 없다는 생각도 들고. 그냥 이렇게 대학 생활이 끝나는 건가 싶기도 하고. 원래 대학이 이런 건가요?	

상대방의 반응	공감 반응
저랑 제일 친한 친구가 저에게 이제 그만 연락했으면 좋겠다고, 사실상 절교를 하자고 하는 거예요. 저는 진짜 이유를 하나도 모르겠어요. (목에 힘을 주어 말하며) 예전에 제가 다른 사람들한테 걔 뒷담화를 하고 다닌다고 생각하는 것 같았는데, 저는 진짜 안 그랬거든요. 아 진짜 속상해요... 오히려 걔 욕을 한 거는 다른 친구였는데. 걔는 그것도 모르고...	
나 그 공모전 진짜 열심히 한 거 알지? 그거 처음에 준비한다고 할 때, 진짜 아무도 안 도와줬는데, 우리 학교에서 수상한 적 한번도 없다고 다 말리고... 주제 이야기했을 때도, 다들 별로 관심도 없고. 근데 진짜 나 열심히 했잖아. 이번에 수상자 명단에서 나 이름 보는 순간 진짜 눈물 날 뻔했어. 혼자서 고생해온 거 이렇게 알아주는구나 싶었다니까.	

연습3

▶공감 연습 II

수입을 듣는 수강생과 함께 2인 1조로 짝을 지어 봅시다.

순서를 정해서 말하는 사람과 듣는 사람의 역할을 번갈아 맡습니다. 먼저 말하는 사람의 역할을 맡은 사람이 "최근에 가장 기분이 좋았던(혹은 나빴던) 사건"을 이야기합니다. 듣는 사람은 상대방의 이야기에 적절한 공감을 하기 위해 노력해 봅시다.

대화가 끝나고 나면, 각각의 역할에 따라 다음의 내용을 적고, 서로에게 피드백합니다.

피드백이 끝나고 나면 역할을 서로 바꾸어 봅시다.

[말하는 사람의 역할]

1. 이야기를 하면서 내가 가장 공감받고 싶었던 것은 무엇이었습니까?

2. 듣는 사람은 나를 공감한다고 느꼈나요?

(그렇다면) 상대방의 어떠한 언어적/비언어적 반응이 공감받고 있다고 느끼게 했습니까?

(그렇지 않다면) 상대방의 어떠한 언어적/비언어적 반응이 공감받지 못한다고 느끼게 했습니까?

[듣는 사람의 역할]

1. 상대방의 이야기를 들으면서 상대방의 지각 체계를 이해하고 그 관점을 유지하고자 어떻게 노력했습니까?

2. 상대방의 관점에서 정서를 경험하려고 노력했을 때 가장 핵심적으로 느껴지는 정서는 무엇이었습니까?

3. 2의 감정을 나는 어떠한 반응으로 전달했습니까?

4. 내가 했던 공감 반응의 적절성을 상대방에게서 피드백 받아 봅시다.

5. 내가 공감을 더 잘하기 위해서는 어떠한 노력을 더 하면 좋을까요?

제2장 타인 수용과 차이의 이해

◆ 생각할 거리

- 나와 제일 '잘 맞는다고' 생각되는 사람을 떠올려 봅시다. 그 사람은 어떤 특성을 가지고 있습니까?
- 나와 제일 '잘 맞지 않는다고' 생각되는 사람을 떠올려 봅시다. 그 사람은 어떤 특성을 가지고 있습니까?
- 나와 제일 '다르다고' 생각되는 사람을 떠올려 봅시다. 그 사람은 나와 어떠한 측면에서 차이가 있습니까?
- 다른 사람과 나의 생각이/가치관이/정서가 다르다는 것을 나는 기꺼이 수용하는 편입니까?

타인은 자신과 같지 않다. 이러한 사실을 모르는 사람은 없을 것이다. 그러나 내가 당연하다고 생각하는 가치관이나 행동과 다르게 타인이 행동하는 경우, 타인의 생각과 행동을 있는 그대로 인정하거나 수용하기는 쉽지 않다. 만약 타인과의 이러한 차이를 '틀린 것', '옳지 않은 것'으로 판단하게 된다면, 의사소통 상황에서 상대방을 평가하고 비난하게 될 가능성이 높아진다. 이처럼 타인을 평가, 무시하고 비난하는 의사소통을 Satir의 이론에서는 '비난형 의사소통'으로 구분하는데, 이는 부적절한 의사소통의 대표적인 유형 중 하나이다(김유숙, 2022).

건강한 의사소통을 위해서는 타인을 비난하고 평가하기 보다, 타인을 이해하고 존중하고자 하는 자세가 필요하다. 이를 위해서 이 장에서는 서로의 다양성을 존중하고, 개인 간 차이를 이해할 수 있는 태도를 생각해 보고자 한다. 자신에게 당연한 것이 타인에게도 그러한지 살펴보고, 타인과의 차이를 어떻게 이해할 수 있을지 고민해 보며, 다양한 상황에서 타인과의 차이를 고려한 의사 결정을 연습해 보자.

1. 타인 수용(Acceptance of Others)

타인 수용은 '타인을 있는 그대로 받아들이려는 태도와 신념'을 의미한다(Combs & Snygg, 1959). 인간관계를 설명하는 선행 연구들에서는 타인 수용이 높은 사람들이 타인의 행동을 긍정적으로 인식하고 상호 작용할 수 있기 때문에, 더욱 원만한 인간관계를 형성할 수 있다고 제언한다(최수지, 신효정, 2020). 타인을 수용한다는 것은 타인의 특성과 행동을 바라볼 때 자신의 가치관과 지각 체계를 기준으로 하는 것이 아니라 타인의 입장에서 바라보고자 하는 것을 포함하기에, 공감적인 태도와도 관련될 수 있다.

누군가를 있는 그대로 수용한다는 것은 그 존재의 가치를 존중하는 것과 밀접하게 연관된다. 자신을 있는 그대로 수용할 수 있기 위해서는 어떠한 상황에서도 내가 가치로운 존재라는 것을 믿을 수 있어야 하는 것처럼, 타인을 수용하기 위해서는 어떠한 상황에서도 타인의 가치를 존중할 수 있어야 한다. 타인의 능력이나 수행, 행동이나 피드백과는 상관없이 그 사람을 여전히 존중할 수 있을 때, 타인을 수용할 준비가 되었다고 볼 수 있다.

◆ **생각할 거리**

- "모든 개인의 존재는 있는 그대로 가치 있다"라는 명제에 동의합니까? 그 이유는 무엇입니까?
- 나는 나의 존재가 있는 그대로 가치 있다고 생각합니까?
- 나는 내가 실패하거나 실수했을 때, 부정적인 피드백을 받았을 때도 여전히 내가 가치 있다고 생각합니까?
- 나는 나의 가치를 인정하는 태도와 기준을 똑같이 적용하여 타인의 가치를 인정합니까?

엄청난 실수를 저지르거나 자신의 큰 결점을 마주할 때, 부정적인 피드백을 받았을 때, 시도한 것을 반복적으로 실패했을 때, 시도나 노력조차 하지 않는 스스로를 볼 때, 자신을 여전히 괜찮은 사람이라고 존중하고 그러한 모습들까지 인정하는 것은 쉽지 않다. 이는 타인의 경우에도 마찬가지이다. 타인의 실수와 결점, 이해되지 않는 행동과 가치관을 마주할 때에도 여전히 타인의 가치를 존중하는 것은 쉬운 일이 아니다. 아래의 문항을 살펴보자. 이 문항들은 Chamverlain과 Haaga(2001)이 개발한 자기수용척도를 추미례, 이영순(2014)이 타당화하고, 조소연(2018)이 타인 수용에 적합하도록 수정한 척도의 일부이다. 각 문항에 대해 진심으로 얼마나 동의하는지 답을 하는 과정을 통해, 나는 타인에 대해 어느 정도 수용적인 사람인지 생각해 보자.

- 나는 다른 사람이 중요한 목표를 이루지 못해도 가치가 있는 사람이라고 생각한다.
- 나는 사람 중에는 더 가치 있는 사람과 그렇지 않은 사람이 있다고 생각한다.
- 나는 다른 사람이 큰 실수를 했을 때 실망스럽지만, 그 사람에 대한 생각에는 변함이 없다.
- 나는 다른 사람들을 볼 때 좋은 사람인지 나쁜 사람인지 판단한다.
- 좋은 사람이 되는 조건은 여러 가지 일에서 능숙함을 가지는 것이라고 생각한다.
- 나는 다른 사람이 일을 잘 못하면 그 사람의 가치가 떨어진다고 생각한다.
- 모든 사람은 다른 사람들이 인정해 주지 않더라도 가치 있는 사람이다.
- 나는 어떤 한 사람을 가치 있는 사람인지 결정하기 위해 다른 사람들과 비교하지 않는다.
- 비난받거나 실패하는 사람을 보면, 한 인간으로서 그 사람이 더 나쁘게 느껴진다.

2. 가치관 인식과 차이 이해

개인이 세상을 바라보는 인식과 철학적 틀은 개인의 행동을 설명하는 중요 기준이 된다. 무엇이 더 옳고 중요한지 판단하는 기준은 상황과 타인을 해석하는 데 영향을 줄 수밖에 없다. 따라서 타인과의 차이를 인정하고 타인을 수용하기 위해서는 먼저 스스로가 가진 세상에 대한 해석과 철학적 틀, 주제에 대한 가치관이 어떠한지 점검할 필요가 있다.

연습4

▶ 가치관 점검하기

다음의 질문에 대해서 스스로 가지고 있는 가치관을 적어 봅시다.

1) 세상에 옳은 것과 옳지 않은 것은 명확하게 구분될 수 있는가?
   만약 그렇다면, 그 구분은 어떠한 기준으로 이루어질 수 있는가?
   만약 그렇지 않다면, 모든 것은 옳은 것인가? 혹은 모든 것은 옳지 않은 것인가?

2) 연쇄살인범과 노벨평화상 수상자의 존재 가치는 동일한가? 그 이유는 무엇인가?

3) 인간의 성격은 변화할 수 있는가?
   사람이 다른 사람을 변화시킬 수 있는가?
   변화할 수 있다면 무엇을 통해서 가능한가?

4) 자유와 공동의 이익 중에서 하나를 선택해야 한다면 무엇이 더 우선되어야 하는가?

5) 어떠한 사람(집단)을 '약자'라고 말할 수 있는가? 어떠한 기준에서 그러한가?

6) '정의롭다'는 것은 무엇인가? 어떠한 기준에 따라 정의로움을 구분할 수 있는가?

7) '상식'이라는 것은 무엇인가? 내가 생각하는 상식의 기준은 어디에 있는가?

어떠한 주제와 상황에 대한 개인의 가치관은 우리에게 어떻게 행동하는 것이 보다 적절한지에 대한 방향성을 제공해 주고, 개인적·사회적으로 보다 긍정적인 결과를 얻는 데 도움을 준다. 그러나 이러한 가치관은 개인마다 차이가 있을 수 있다. 자신에게 옳은 것이 타인에게는 옳지 않을 수 있다. 나에게 당연한 것이 타인에게는 전혀 이해되지 않는 것일 수 있다. '옳다고 생각하는 것이 다른' 타인의 의견을 존중할 수 있는가? 이러한 의견을 존중하기 위해서는 어떠한 노력이 필요할까? '중요하다고 생각하는 것'이 서로 다른 사람을 이해하기 위해서는 어떠한 과정이 필요할까? 앞선 질문에 대한 서로의 가치관이 얼마나 비슷하고, 얼마나 다른지 토론을 통해 확인해 보자.

연습5

▶ **가치관의 차이를 바라보기**

연습4 질문에 대해 다른 사람들은 어떻게 대답을 했는지 이야기를 나누어 봅시다.
1:1 혹은 그룹으로 모여서 해당 질문에 어떻게 대답했는지 내용을 공유해 봅시다.

나의 가치관과 가장 다른 대답은 어떠한 질문에서 발견됩니까?

이러한 가치관의 차이는 무엇 때문에 발생하는 것으로 보입니까?

나와 다른 상대방의 의견과 생각을 충분히 이해할 수 있습니까?

이러한 가치관의 차이로 인해 나타날 수 있는 행동을 충분히 인정해 줄 수 있습니까?

'옳다고 생각하는 것'이 서로 다른 사람의 의견을 존중하기 위해서는 어떠한 노력이 필요할 것이라고 생각합니까?

'중요하다고 생각하는 것'이 서로 다른 사람을 이해하기 위해서는 어떠한 노력이 필요할 것이라고 생각합니까?

3. 성격의 유형과 차이 이해

개인의 성격이란 환경에 대한 행동에 영향을 주는 개인의 독특하며 역동적인 특성의 조직이다(Liebert & Libert, 2002). 즉 성격은 기본적인 행동의 경향성으로, 한 개인이 어떠한 상황에서 어떻게 반응할지를 결정하는 개인의 심리적 체계인 것이다. 따라서 성격이 다른 개인은 자연스럽게 서로 다른 행동을 하게 된다.

성격의 정의와 구분은 수많은 심리학자들에 의해서 제언되어 왔다. 그중에서 이 장은 Carl Gustav Jung이 제언한 분석심리학적 개념의 일부를 소개하고자 한다. Jung은 초기 이론을 통해 인간의 의식에 대한 '의식 태도 유형'과 '심리적 기능 유형'을 제언하고 있다. 이에 따르면 개인은 내면세계와 외부세계를 이해하고 지각하는 방법에 따라 '사고(thinking)', '감정(feeling)', '감각(sensing)', '직관(intuition)'의 기능으로 분류할 수 있다. 개인이 이러한 기능 중에서 어떠한 것을 우선적으로 사용하는지는 개인이 환경을 어떻게 인식하는지에 영향을 준다(이수연 등, 2013). 이러한 성격의 분류는 개인이 가진 심리적 유형에 따른 상호 간의 차이를 보다 선명하게 이해하는 데 도움을 줄 수 있다.

먼저, '사고'와 '감정'은 의사 결정을 내릴 때 어떠한 체계를 사용하는지와 관련되어 있는 기능이다. 사고형의 개인은 객관적이고 논리적으로 정보를 구체화하는 반면, 감정형의 개인은 가치 지향적이고 개인적으로 정보를 조직화한다.

◆ 생각할 거리

다음은 사고형과 감정형을 이해하는 데 도움이 될 수 있는 개념들이다.
나는 어떠한 의사 결정 체계를 우선적으로 사용하는가?

사고형	감정형
아이디어를 논리적으로 연관시킴 공과 사를 구분하고 인과 원리를 중시 분석적, 객관적 정의와 공징싱의 원리에 관심 비판적 과거-현재-미래 사이의 관계 중시 참인지 거짓인지 관심	상대적인 가치와 문제의 장점을 고려 개인이나 집단의 가치를 중시 주관적 상대방의 입장을 고려한 의사 결정 인간적인 측면 고려 친화와 온정과 조화 중시 과거의 가치 중시 좋은지 싫은지 관심

출처: Myers & McCaulley(2003) & Hirsh & Kummerow(1997)

사고와 감정의 선호 경향이 의사 결정과 관련된다는 것은, 우리가 어떠한 기능을 우선시하느냐에 따라서 '무엇을 더 적절한 결정이라고 판단하는지'에 대한 차이를 불러일으킬 수 있음을 시사한다. 예를 들어 사고형은 '옳은 것을 결정하는 것'을 적절한 의사 결정으로 생각할 수 있지만, 감정형은 '(마음이) 좋은 것을 결정하는 것'을 더 적절한 의사 결정으로 생각할 수 있다. 어떠한 의사 결정이 더 적절한 것인가? 다음의 상황을 살펴보자.

연습6

상황 1. 조별 과제를 진행하는 상황에서, 당신은 조장의 역할을 하고 있다. 조원은 모두 5명이며, 해당 과제는 5명이 배분하기에도 매우 많은 양으로 이루어져 있다. 과제에 대한 각자의 역할을 분배하는 과정에서, 조원 A는 최근 건강의 급격한 악화로 병원을 매일 갈 수밖에 없고, B는 가정 형편상 주 30시간 이상 아르바이트를 해야 하는 상황임을 알게 되었다. A와 B가 이러한 사항을 역할 분배에 고려해 줄 것을 정중하게 부탁했다. 그러나 이를 알게 된 C조원은 A와 B의 상황이 조별 과제와는 직접적 관련이 없기 때문에, 공평하게 역할을 분배해야 한다고 주장했다. 이러한 상황에서 나는 A와 B, 그리고 다른 조원들에게 어떻게 역할을 배분하는 것이 좋은가? 조원 모두의 사정을 배려할 수 없고, 공평하게 진행되는 것이 중요하기에 모든 조원에게 공평하게 역할 분배를 하는 것이 좋은가? 조별 과제의 역할에 시간 배분이 중요하고, 다른 조원들보다 A와 B의 사정이 훨씬 불리하므로, 조원들을 설득해서라도 사정에 따른 역할 분배가 필요한가?

이 상황에서 더 적절한 의사 결정은 무엇입니까? 이유는 무엇입니까?

나와 다른 유형을 가진 사람은 이 상황에서 어떻게 의사 결정 할 수 있을까요?

이러한 의사 결정의 차이는 어떻게 타협/수용/이해될 수 있습니까?

나와 다른 유형을 가진 사람도 위의 전략에 동의할 수 있을까요?

상황 2. 친구 A에게 돈을 빌려준 뒤 돈을 갚기로 한 날짜가 지났음에도 A가 돈을 갚지 않았다. 나도 돈이 필요해서 A에게 사정을 설명한 뒤 돈을 돌려주기를 청했지만, A는 알겠다는 약속만 한 뒤 특별한 설명 없이 돈을 갚지 않고 있는 상황이다. 들리는 이야기에 따르면, A의 집안에 어려운 일이 생겨 A가 아르바이트를 늘여서 하고 있음에도 불구하고 돈을 갚기가 어려운 상황이라고 한다. 이러한 상황에서 나는 A에게 어떠한 행동을 취하는 것이 좋은가? A가 돈을 갚을 때까지 기다려 주는 것이 필요한가? A에게 돈을 갚기를 다시 요청해야 하는가? 나도 돈이 필요하고, A가 자신의 사정을 직접 설명하지 않은 입장에서 나의 정당한 권리를 명료하게 전달하는 것이 필요한가? A의 사정을 이해하기에 압박을 주지 않고자 노력하거나, A가 원할 때 갚을 수 있게 해 주는 것이 필요한가?

이 상황에서 더 적절한 의사 결정은 무엇입니까? 이유는 무엇입니까?

나와 다른 유형을 가진 사람은 이 상황에서 어떻게 의사 결정 할 수 있을까요?

이러한 의사 결정의 차이는 어떻게 타협/수용/이해될 수 있습니까?

나와 다른 유형을 가진 사람도 위의 전략에 동의할 수 있을까요?

상황 3. 동생이 학교에서 친구들과 싸웠다고 속상해하면서 돌아왔다. 동생의 이야기를 들어보니 동생이 친구들에게 서운해할 수 있는 상황이기도 하지만, 친구들 관계에서 먼저 부적절한 행동을 하여 갈등을 유발하게 한 원인이 동생에게 있는 것으로 판단된다. 동생은 이런 이야기를 나눌 사람이 나밖에 없다고 하며, 자신의 편을 들어주기를 원하고 있다. 이러한 상황에서 나는 동생에게 어떻게 이야기할 수 있을까? 동생의 속상한 마음도 이해되지만, 동생이 앞으로 유사한 상황에서 또 다른 갈등을 일으키지 않도록 동생이 개선할 점도 객관적으로 이야기를 해 주는 것이 좋은가? 비록 동생이 잘못된 행동을 했지만, 그것보다 동생의 속상한 마음을 풀어주는 것이 더 중요하고, 나마저 동생에게 개선하라고 이야기한다면 동생이 더욱 상처받을 수 있으므로 동생의 편을 들어주는 것이 좋은가?

이 상황에서 더 적절한 의사 결정은 무엇입니까? 이유는 무엇입니까?

나와 다른 유형을 가진 사람은 이 상황에서 어떻게 의사 결정 할 수 있을까요?

이러한 의사 결정의 차이는 어떻게 타협/수용/이해될 수 있습니까?

나와 다른 유형을 가진 사람도 위의 전략에 동의할 수 있을까요?

상황 4. A와 B가 앞으로 함께 살고자 하는 집을 구해야 하는 상황이다. 최종 선택이 가능한 두 개의 집이 있다. A는 비용, 학교까지의 거리, 자주 가는 편의시설의 위치를 고려하여 첫 번째 집을 고르자고 주장한다. B는 자주 만나는 친구들과의 거리와 가족들과의 거리, 어렸을 때부터 익숙하여 마음이 편해지는 공간과의 근접성을 고려하여 두 번째 집을 고르자고 주장한다. 이러한 상황에서 어떠한 기준을 적용하여 의사 결정을 하는 것이 보다 더 합리적인가? 집이라는 공간은 어떠한 기준을 충족하는 것이 우선시되어야 한다고 생각하는가?

이 상황에서 더 적절한 의사 결정은 무엇입니까? 이유는 무엇입니까?

나와 다른 유형을 가진 사람은 이 상황에서 어떻게 의사 결정 할 수 있을까요?

이러한 의사 결정의 차이는 어떻게 타협/수용/이해될 수 있습니까?

나와 다른 유형을 가진 사람도 위의 전략에 동의할 수 있을까요?

연습7

▶ 성격의 차이를 바라보기

연습6 질문에 대해 다른 사람들은 어떻게 대답을 했는지 이야기 나누어 봅시다.
1:1 혹은 그룹으로 나와 서로 다른 의사 결정을 한 사람을 찾아서 만나 봅시다.
각 질문에 대답한 답의 내용과 결정에 고려한 기준들을 공유해 봅시다.

다른 사람의 의사 결정에서 내가 생각하거나 고려하지 못했던 요인들이 있습니까?

위의 내용을 고려해 보았을 때, 나의 결정과 행동에서 주의/보완할 점이 있을까요?

앞으로 내가 의사 결정을 할 때, 추가적으로 점검해 볼 수 있는 것에는 무엇이 있을까요?

다음으로, '감각'과 '직관'은 정보를 어떻게 수집하는지와 관련된 기능이다. 감각형은 오감을 이용하여 실제적인 정보를 수집하는 반면, 직관형은 육감을 이용하여 정보의 가능성을 함께 수집하고자 한다.

◆ 생각할 거리

다음은 감각형과 직관형을 이해하는 데 도움이 될 수 있는 개념들이다.
나는 어떠한 과정으로 정보를 수집하는가?

감각형	직관형
감각을 통해 관찰하고 인식 구체적으로 존재하는 정보에 주의 현재 일어나는 것 직접적인 경험에 초점 구체적이고 실제적 세밀하고 상세함 나무를 봄	통찰을 통해 가능성, 의미, 관계를 인식 육감, 예감, 창의적인 발견 미래 일어날 수 있는 사건 가능성을 추구 상상적, 이론적, 추상적 새로운 방법을 창조 숲을 봄

출처: Myers & McCaulley(2003) & Hirsh & Kummerow(1997)

감각과 직관의 선호 경향이 정보의 수집과 관련되기 때문에, 이에 따라 같은 상황에서도 그 상황을 어떻게 받아들이고 어떻게 해석하는지에 대한 차이가 생길 수 있다. 예를 들어, 감각형은 '지금 무슨 일이 일어나고 있는지'를 구체적으로 이해하여 기존의 방식대로 문제를 해결하고자 할 수 있지만, 직관형은 '이러한 상황이 무엇을 의미하며, 앞으로 어떠한 일이 발생될 수 있을지'를 중요하게 생각하여 다른 해결 방법을 제시할 수 있다. 상황을 어떻게 이해하는 것이 더욱 현명한 것인가? 다음의 상황을 살펴보자.

연습8

> 상황 1. 함께 조별 과제를 진행하는 상황에서, 앞으로 과제를 어떠한 방향으로 수행해야 하는지 결정해야 한다. A는 지금까지 수업 과제에서 좋은 평가를 받은 역대 자료를 수집한 후, 비슷한 맥락과 형식으로 과제를 수행하는 방법을 제언했다. B는 역대 자료와 비슷한 방향으로 수행하는 것은 '진정한 우리 과제'라고 보기 어렵다면서, 우리의 아이디어로 새롭고 창의적으로 과제를 진행할 것을 제언했다. 이러한 상황에서 과제의 방향은 어떻게 정하는 것이 더 적절하다고 판단되는가? 기존의 검증된 자료의 힘을 믿는 것이 좋은가? 우리만의 독특하고 의미를 부여한 창의성의 힘을 믿는 것이 좋은가?

이 상황에서 더 적절한 의사 결정은 무엇입니까? 이유는 무엇입니까?

나와 다른 유형을 가진 사람은 이 상황에서 어떻게 의사 결정 할 수 있을까요?

이러한 의사 결정의 차이는 어떻게 타협/수용/이해될 수 있습니까?

나와 다른 유형을 가진 사람도 위의 전략에 동의할 수 있을까요?

> 상황 2. 멘토링 프로그램을 하면서 참여 청소년들의 수행을 평가해야 하는 역할이 주어졌다. 프로그램에 참여한 A가 제출한 서류는 창의적인 내용과 신선한 아이디어를 담고 있었다. 그러나 서류에서 여러 군데 오타가 발견되고, 글자체와 글자 크기가 불일치한 부분들도 있었다. 함께 평가를 하는 C위원은 오타, 형식 등은 기본적인 태도와 성실성에 대한 문제이기 때문에 아이디어가 좋다고 해도 우수한 평가를 주는 것은 적절하지 않다고 주장한다. 그러나 D위원은 오타와 글자 크기 등은 부수적이며 프로그램에서 중요한 것은 아이디어와 내용이기 때문에 우수한 평가를 줄 필요가 있음을 주장했다. 이러한 상황에서 나의 평가는 어떻게 내려질 것인가?

이 상황에서 더 적절한 의사 결정은 무엇입니까? 이유는 무엇입니까?

나와 다른 유형을 가진 사람은 이 상황에서 어떻게 의사 결정 할 수 있을까요?

이러한 의사 결정의 차이는 어떻게 타협/수용/이해될 수 있습니까?

나와 다른 유형을 가진 사람도 위의 전략에 동의할 수 있을까요?

상황 3. 친구 A가 취업과 관련하여 나에게 조언을 구했다. A는 취업을 준비하고 있는데 최근 B회사에서 스카웃 제의가 있었다. A가 수집한 정보에 따르면 B회사는 재정과 인력 구인에 상당한 어려움을 겪고 있고, 취업하면 야근과 추가 업무의 부담 또한 높은 상황이다. 그러나 B회사는 신생 회사로 관련 업계에서 앞으로 발전 가능성이 높다고 평가받고 있다. 물론 100% 확신할 수 없지만, 높은 확률로 몇 년의 적응 기간이 지나고 나면 회사 규모 및 안정성이 훨씬 높아지고 복지 및 연봉 등의 혜택도 주목할 만큼 증가할 가능성이 있다는 것이다. 이러한 상황에서 친구 A는 어떤 결정을 해야 할지 혼란스러움을 호소하며 나의 의견을 물어본다. 나는 어떠한 기준을 보다 중시하여 A에게 조언해 줄 수 있을까?

이 상황에서 더 적절한 의사 결정은 무엇입니까? 이유는 무엇입니까?

나와 다른 유형을 가진 사람은 이 상황에서 어떻게 의사 결정 할 수 있을까요?

이러한 의사 결정의 차이는 어떻게 타협/수용/이해될 수 있습니까?

나와 다른 유형을 가진 사람도 위의 전략에 동의할 수 있을까요?

연습9

▶ 성격의 차이를 바라보기

연습8 질문에 대해 다른 사람들은 어떻게 대답을 했는지 이야기 나누어 봅시다.

1:1 혹은 그룹으로 나와 서로 다른 의견을 가진 사람을 찾아서 만나 봅시다.

각 질문에 대답한 답 내용과 결정에 고려한 기준들을 공유해 봅시다.

다른 사람이 중시하는 정보에서 내가 생각하거나 고려하지 못했던 요인들이 있습니까?

위의 내용을 고려해 보았을 때, 나의 인식과 행동에서 주의/보완할 점이 있을까요?

앞으로 내가 상황을 인지할 때, 추가적으로 점검해 볼 수 있는 것에는 무엇이 있을까요?

심리적인 기능에서 오는 서로의 차이를 이해하지 못한다면, 사고 선호 경향이 감정 선호 경향에게 '논리적으로 사고하지 않는다'고 비판하거나 감정 선호 경향이 사고 선호 경향에게 '너무 냉정하게 대화한다'고 비난하게 될 수 있다. 감각 선호 경향이 직관 선호 경향에게 '비현실적인 생각을 그만하라'고 비난하거나, 직관 선호 경향이 감각 선호 경향에게 '사소한 것에 집착하지 말라'고 비판할 수 있다.

그러나 심리적 기능이 다르다는 것은 나에게 자연스러운 의사 결정 기준이 다른 사람에게는 그렇지 않을 수 있다는 것을 의미하며, 내가 판단하는 상황과 습득하는 정보의 종류가 다른 사람에게는 주의의 대상이 아닐 수 있음을 의미하는 것이다. 또한 나의 의사 결정 기준과 정보의 수집 방법이 절대적으로 '옳고 당연한 것', '가장 적절한 것'은 아닐 수 있다는 점을 시사하는 것이기도 하다. 앞에서 살펴본 기능의 차이를 고려하여, 어떠한 행동과 결정을 할 때, 내가 고려하지 못한 대상이나 상황은 무엇인지 살펴보고 내가 받아들인 정보에서 놓친 것이 무엇인지 점검해 볼 수 있다. 자신의 관점에만 집중하기보다 다른 관점에서의 결정, 수행, 표현이 무엇에 기반하여 이루어진 것인지 이해하고, 그 과정을 존중하면서 필요한 경우 스스로의 결정과 표현을 보완하는 데 활용할 수 있을 것이다.

제3장 자기표현

◆ 생각할 거리

- 나에게 가장 의사소통이 어려운 상황은 어떠한 상황입니까?
- 무엇이 의사소통을 어렵게 만드나요?
- 갈등 상황에서 가장 좋은 의사소통의 기술은 무엇이라고 생각합니까?

좋은 의사소통은 다른 사람이 전달하고자 하는 것을 잘 이해하고, 또 내가 표현하고 싶은 것을 잘 전달하는 것과 관련된다. 인간관계의 중요성을 강조하는 학자들은 건강하고 적절한 의사소통이 관계와 관련된 다양한 문제를 해결하고 관계의 질을 향상하는 데 핵심적인 역할을 한다고 보았다. 그렇다면 건강하고 적절한 의사소통이란 어떠한 것일까? 이 장에서는 유능한 의사소통자들이 가지는 특성을 간략하게 살펴보고, 자신을 표현할 수 있는 방법 중 하나로 활용될 수 있는 비폭력 대화에 대해서 구체적으로 살펴보고자 한다.

1. 유능한 의사소통자의 특징(Adler & Proctor, 2015)

가. 폭넓은 범위의 행동

유능한 의사소통을 하기 위해서는 어떠한 상황에 대처하기 위해서 자신이 할 수 있는 행동을 가능한 다양하게 보유할 필요가 있다. 다르게 말하면, 우리가 어떠한 상황(예를 들어, 다른 사람에게 오해를 받았을 때)을 경험할 때, 어떻게 행동하고 말할 수 있는가에 대한 답이 다양할수록 좋다는 것이다. 어떤 상황에 대해 여러 대안을 가진 사람이 그런 상황에서 항상 단일한 행동을 하는 사람보다 더 유능한 의사소통이 가능하다. 만약 스스로가 상황이나 대상, 문제, 맥락의 다양성에도 불구하고 유사한 상황에서 비슷한 행동과 말만 반복해서 사용하고 있다고 생각된다면, 보다 더 유능한 의사소통을 하기 위해서 상황에 따라 선택할 수 있는 다양한 표현, 다양한 전략, 다양한 내용을 준비하고 연습할 수 있다.

나. 적절한 행동을 선택하는 능력

상황에 따라 사용할 수 있는 다양한 의사소통 대안이 있다면, 다음으로 중요한 것은 각 상황과 맥락에 따라 가장 적절한 행동을 선택할 수 있는 능력일 것이다. 현실적으로, 특정 상황에서 제일 적절한 행동과 표현이 정답처럼 정해져 있지는 않다. 그러나 학자들은 다음의 내용을 고려했을 때, 적절한 행동을 선택할 수 있는 가능성이 높아진다고 제언한다.

첫째, 의사소통의 맥락을 고려한다. 달리 말하면, 의사소통에서의 시간과 장소를 고려한다는 것이다. '내가 지금 하고자 하는 행동과 표현이 이 시기에, 이 공간에서 적절한가?'라는 질문이 첫 번째 기준이 될 수 있다.

둘째, 이 의사소통의 목표가 무엇인지 기억한다. 각각의 의사소통에는 목표가 있다. 따라서 어떠한 의사소통이 적절한지의 여부는, 그때 상대방과 나누는 이야기의 목표가 무엇인지에 따라 달라질 수 있다. 즉 '항상 좋은 이야기를 하는 것'보다 '이야기의 목적에 맞는 이야기를 하는 것'이 더욱 적절하다는 것이다. 힘들어하는 친구를 위로해 주기 위한 의사소통과 문제 해결 방법을 필요로 하는 친구에게 조언을 해 주기 위한 의사소통은 내용이 달라야 한다. 정리하면, 우리가 적절한 소통을 하기 위한 두 번째 방법은, '내가 상대방과 지금 의사소통을 하는 목표가 무엇인가?'라는 질문을 의사소통 과정에서 기억하는 것이다.

셋째, 상대방의 특징을 활용한다. 의사소통은 그 대상이 있어야 설명 가능한 개념이다. 따라서 적절한 행동의 유무는 상대방의 특성에 따라 달라질 수 있다. 유사한 상황, 같은 표현이라고 하더라도 그것을 받아들이는 상대방의 지위, 성격 등의 특성과 나와의 관계의 특성에 따라 다르게 전달될 수 있다. 그러므로 적절한 행동을 위한 세 번째 질문은 "이 사람과의 관계, 이 사람의 특성을 고려했을 때, 이 이야기가 어떻게 전달될 것인가?"와 관련된다.

다. 행동을 수행하는 기술

효과적인 의사소통을 하는 사람들은 건강하고 적절하게 의사소통하는 방법과 기술에 대해서 알고 있다는 특성이 있다. 물론 의사소통의 기법을 안다고 해서 무조건 좋은 의사소통을 할 수 있는 것은 아니지만, 건강하게 나의 의견을 표현할 수 있도록 돕는 기술들을 알고 있다는 것은 좋은 의사소통의 유용한 도구를 가지고 있다는 것을 의미한다. 이 장의 다음 부분에서 다루는 비폭력 대화와 관련된 내용도 우리가 활용할 수 있는 건강한 대화의 하나가 될 수 있다.

라. 인지적 복합성

인지적 복합성은 '특정한 문제를 바라보는 다양한 틀을 추구하는 능력'으로 정의될 수 있다. 상황이나 상대방을 이해하고 해석할 수 있는 방법을 다양하게 가지고 있을수록 인지적 복합성이 높다고 할 수 있다. 유능한 의사소통자가 가지는 또 하나의 특성은 바로 이러한 인지적 복합성에 있다. 즉, 우리가 하나의 상황을 다양한 관점으로 바라볼 수록 의사소통이 효과적으로 가능해진다는 것이다. 갈등 상황에서 '이 상황을 어떻게 해석할 수 있을 것인가?', '문제의 원인이 무엇에 있는가?' 등의 질문을 생각할 때, '만약 내가 옳은 것이 아니라면?', '이 상황이 아니라 다른 상황이었다면?', '이 사람이 아니라 다른 사람이었다면?' 혹은 '우리 둘 다 각자의 입장이 맞는 것이라면?', '우리가 서로 오해하고 있는 것이 있다면?', '이 문제보다 더 중요한 것이 있다면?', '제3자가 이 사건을 바라본다면?' 등과 같은 수많은 질문들은 우리에게 하나의 상황을 무수히 많은 관점으로 바라볼 수 있게 해 준다. 어떠한 상황에 대한 빠른 판단과 해석은 때로 의사소통에 도움이 될 수 있으나, 다양한 관점으로 사고하고자 하는 노력이 효과적인 의사소통을 위해서 더욱 유용할 수 있다.

마. 공감

의사소통에서 공감의 중요성은 앞 장에서 반복적으로 강조했기에 이 장에서는 자세히 다루지 않는다. 나와 의사소통하는 상대방의 입장에서 그가 어떻게 느끼는지를 함께 경험하고자 하는 태도는 효과적인 의사소통을 하는 사람들의 가장 공통되고, 핵심적인 특징 중 하나이다.

바. 자기 검색

의사소통과 관련한 자신의 행동을 주의 깊게 관찰하고 자신의 행동과 표현을 점검하는 능력은 의사소통 능력을 키우는 원동력이 된다. 성공적으로 진행된 의사소통 이후에, 의사소통의 어떠한 부분이 그러한 결과를 만들어 냈는지 점검해 보고 나의 강점으로 더욱 활용할 수 있다. 만약 의사소통 후에 갈등과 답답함, 억울함 등의 부정적인 정서 경험이 남았다면 자신의 의사소통 특성과 경험을 분석하고, 대안적인 표현을 마련할 필요가 있다.

사. 몰입

유능한 의사소통과 관련된 마지막 특성은 바로 대화를 나누는 우리의 관계와 대화의 주제에 대해서 얼마나 많은 관심을 기울이는지와 관련된다. 의사소통 상황에서 몰입한다는 것은 소통하고 있는 상대방에 대해 관심을 가지고, 의사소통의 중요성을 기억한다는 것을 의미한다. 이러한 관심과 중요성은 상대방에게 언어적 혹은 비언어적 배려로 전달된다. 또한 이러한 몰입에는 대화의 메시지에 관심을 기울이는 것도 포함되는데, 이는 진실된 태도로 현재 의사소통 상황에 관심을 기울이면서 자신이 하고 있는 대화의 내용에 집중하는 것을 말한다.

2. 비폭력대화(Non-Violent Communication)

비폭력대화는 인지심리학적 이론에서 출발한 것으로, 개인의 욕구 의식과 관련하여 통찰을 일으키는 경험적인 의사소통 모델로 제안되어 왔다(이화자, 김순옥, 2010). 해당 의사소통 모델은 '존중하지 않는 것'을 폭력으로 정의하며(Gottman, 1999), 상대방에 대한 비난과 비판 없이 자신과 타인을 존중하는 태도를 강조한다. 이 장에서는 비폭력대화 모델에서 제시한 4단계의 의사소통 방법을 소개하고, 이를 일상생활에 활용할 수 있도록 안내한다. 아래 설명에는 Rosenberg(2004)의 '비폭력대화'의 주요 내용 요약을 상당수 포함하고 있다.

가. 관찰

비폭력 대화의 첫번째 요소는 관찰이다. **있는 그대로, 실제 무엇이 일어나고 있는지 관찰한다.** 이때 판단이나 평가는 내리지 않는다. 비난이나 모욕, 비하, 비교, 분석 등은 모두 판단하는 말로 간주된다. 비폭력대화에서는 평가와 관찰을 분리하는 것을 중요하게 여긴다. 상대방의 행동에 대해서 관찰하는 것이 아니라 평가를 할 경우 상대방은 내가 표현하는 것을 비난으로 받아들일 가능성이 높다. 비난받았다고 생각된다면, 상대방은 수치심, 억울함, 분노, 죄책감 등 부정적인 정서를 경험할 수 있다. 부정적인 정서를 느낀 상대방은 나와의 의사소통에 집중하기 어려워질 것이다.

어떤 사람의 행동을 평가 없이 관찰하는 것은 쉽지 않다. 상대방을 어떠한 단어나 개념[예를 들어, A는 완벽주의자야. B는 게으른 사람이야, C는 예민한 사람이야]으로 설명하는 것이나, 상대방의 생각이나 욕구를 추론하는 것[예를 들어, D가 관심을 받으려고, E가 자기 마음대로 안되니까]도 평가가 포함된 것이다. 따라서 비폭력대화의 첫 번째 단계를 수행하기 위해서는 평가와 관찰을 분리하여 다른 사람의 행동을 바라보는 연습이 이루어져야 한다.

연습10

▶ 관찰과 평가를 분리하기

다음의 문장은 평가가 들어간 문장이라고 생각합니까? 그렇다고 생각한다면 평가가 아닌, 관찰의 내용만 포함된 문장으로 수정해 봅시다.

문장	관찰
A는 매사에 너무 예민해	
B는 나를 무시해	
C는 진짜 친절하고 상냥하잖아	
D는 일할 때 자꾸 딴생각을 해	
E는 후배들을 대할 때 편애하더라	
F는 선생님의 관심을 받으려고 수업 시간에 계속 질문을 해	
G는 자기 생각이 옳다고 생각해서 끝까지 고집을 부리잖아	
H는 사람들이 뭐라고 해도 하나도 신경도 안쓰잖아	
I는 항상 바빠	
J는 내가 부탁하는 건 하나도 안 들어줘	

과제1

▶ 관찰하기 연습

다음 수업 시간까지 만날 수 있는 사람을 한 명 선택해 봅시다. 그 사람의 행동을 관찰한 후, 관찰한 내용을 적어 봅시다. 관찰에 평가가 들어 있지 않은지 점검해 보고, 평가를 제외한 관찰의 내용만을 기술해 봅시다.

대상	
관찰된 행동	· · · · · ·

나. 느낌

비폭력 대화의 두 번째 요소는 **내가 어떻게 느꼈는지 표현하는 것이나.** 내가 이떠한 감정을 느꼈는지 인식하고, 그것을 적절하게 표현하는 것은 비폭력대화뿐만 아니라 심리적 건강과 의사소통의 많은 이론에서 강조하는 것이다. 우리가 느낌을 적절하게 표현하기 위해서는 생각과 느낌을 구분할 수 있어야 한다. 일상생활에서 많은 경우 생각과 느낌을 섞어서 표현하기 때문에 이를 구분하는 것도 연습이 필요할 수 있다.

연습11

아래의 상황에서 경험할 수 있는 느낌을 적어 봅시다.

• 친한 친구가 다른 사람에게 내 욕을 했다는 이야기를 들었을 때	
• 조별 과제에서 발표를 하기로 한 사람이 발표 당일 오지 않았을 때	
• 새로운 룸메이트가 나에게 방해를 주지 않으려고 아주 조심스럽게 행동할 때	
• 발표를 하고 있는데, 다른 학생들이 자기들끼리 떠드는 모습을 보았을 때	
• 부모님이 나의 사정은 고려하지 않고, 다른 형제에게 일방적인 양보를 바랄 때	
• 자주 만나던 친구가 어느 날부터 연락이 잘되지 않고 만남을 피하는 것 같을 때	
• 오랜 시간을 할애한 과제를 만족스럽게 완성했는데, 평가는 별로 좋지 않았을 때	
• 조금만 더 노력하면 해결할 수 있을 것 같은 문제를 하루 종일 붙잡고 있을 때	
• 내가 기획한 학과 행사에 참여한 학생들의 만족도가 작년과 비슷한 수준일 때	
• 오랫동안 하고 싶었던 새로운 취미를 용기내서 시작하고자 할 때	

위에서 내가 적은 느낌은 '느낌'입니까? '생각'입니까? 다시 한번 확인해 봅시다.

비폭력 대화에서는 생각과 느낌을 구분하는 하나의 기준으로 다음과 같은 내용을 제언하고 있다. 아래와 같은 문장은 느낌보다는 생각에 가까울 가능성이 높다.

· '~한다고', '~와 같이', '마치 ~처럼'으로 연결되는 문장
· 너는, 그 사람은, 그들은 같은 대명사와 연결되는 문장
· 사람을 가리키는 명사나 이름과 연결되는 문장

보다 더 구체적인 예를 살펴보자. 예를 들어, "나는 무시당하고 있다고 느껴"라는 문장은 느낌을 표현한 문장이라기보다, 상대방의 행동에 대한 나의 해석에 가깝다. 나의 느낌은 슬프거나 속상한 것에 가까웠을 것이다. 다른 예를 보면, "나는 미래가 어둡다고 느껴"라는 문장 역시 느낌을 표현했다고 보기 어렵다. 미래가 어둡다는 것은 나의 생각이기 때문이다. 답답하고 불안하다는 것이 느낌에 더 가까울 수 있다.

자신의 정서를 명확하게 인식하는 것은 심리적 건강과 밀접하게 관련되며, 적응적 삶을 영위하는 데 긍정적인 영향을 준다(Landa, Martos, & Lopez-Zafra, 2010). Swinkels와 Giuliano(1995)에 따르면 정서를 인식하는 과정은 첫 번째, 자신이 느끼는 감정을 관찰하고 그것에 주의를 기울이는 '정서주의' 과정, 두 번째, 자신의 감정에 적절한 이름을 붙이는 '정서명명' 과정으로 이루어진다. 이러한 제언에 기초해 보았을 때, '느낌' 단계를 적절하게 수행하기 위해서는, 먼저 지금 여기에서 나의 내면에 어떠한 감정이 느껴지는지를 주의 깊게 잘 관찰하는 연습, 그리고 그 감정에 적절한 이름을 붙이는 연습이 필요할 수 있다.

연습12

▶ 정서를 관찰하기

지금 나의 내면에 집중해 봅시다.

지금 내가 느끼는 감정은 무엇입니까?

연습13

▶ **느낌과 관련된 단어**

내가 알고 있는 '느낌을 표현할 수 있는 단어'의 종류를 모두 적어 봅시다.

평소에 나는 이 단어 중 몇 개의 느낌을 표현하고 지내나요?

내가 조금 더 경험하고 싶은 느낌은 어떤 것입니까?

내가 조금 더 표현하고 싶은 느낌은 어떤 것입니까?

인간이 느끼는 정서 경험은 매우 다양하며, 구체적으로 세분화하여 표현할 수 있다. 구체적인 느낌의 종류만큼 느낌을 표현하는 단어도 매우 많다. 일상생활에서 단순하게 '느낌이 좋다' 혹은 '느낌이 나쁘다' 만으로 느낌을 표현한다면, 우리의 내적 경험을 명확하게 인식하고 표현하고 있는 것으로 보기 어렵다. 만약 여러분이 느낌을 표현할 때 다소 추상적인 몇 개의 단어들만 사용하고 있다고 생각된다면, 일상적인 생활에서부터 나의 느낌을 구체적으로 인식하도록 연습해 볼 수 있다. 예를 들어, '너무 좋은 이 느낌'이 구체적으로 어떠한 느낌인지 스스로에게 질문해 볼 수 있을 것이다. 또한 '기분이 나쁜 것이' 어떠한 느낌을 말하는 것인지 세부적으로 파악해 볼 수 있다. 이처럼 나의 느낌을 구체적으로 이해하는 작업은 그와 관련된 나의 욕구가 무엇인지도 더 쉽게 이해할 수 있게 돕는다.

다음은 Rosenberg(2004)가 제언한 느낌을 표현하는 대표적인 단어들의 일부이다. 물론 이 외에도 무수한 감정 단어들이 느낌을 나타내는 표현으로 사용될 수 있다.

<표 2> 욕구가 충족되었을 때

감격한	마음이 놓이는	용기를 얻은	애정이 생기는	평온한
감동한	마음이 열리는	유쾌한	낙관적인	평화로운
감사하는	만족스러운	의기양양한	홀가분한	행복한
감탄스러운	명랑한	자신만만한	놀라운	기쁨에 넘치는
고마운	반가운	자신에 찬	날아갈 듯한	긴장이 풀리는
고무된	사랑스러운	자유로운	더없이 행복한	생기가 나는
관심이 가는	친근한	기운나는	따뜻한	숨이 멎을 듯한
기대되는	침착한	즐거운	안심되는	축복받은
기분이 들뜨는	쾌활한	짜릿한	믿음이 생기는	충만감이 드는
기쁨에 겨운	평안한	차분한	안도하는	안정되는
기꺼운	상쾌한	찬란한	황홀한	흡족한

<표 3> 욕구가 충족 되지 않았을 때

갑갑한	기운 없는	내키지 않는	당황한	그리운
걱정되는	슬픈	마음 상한	불안정한	두려운
겁나는	긴장되는	속상한	불안한	억울한
괴로운	깜짝 놀란	마음이 안 놓이는	불편한	언짢은
시무룩한	낙담한	맥 풀리는	불행한	외로운
격앙된	낙심한	실망한	뒤숭숭한	부끄러운
고독한	냉담한	심란한	비참한	신경 쓰이는
시샘하는	미운	무관심한	상심한	우울한
고통스런	화난	무기력한	섭섭한	울적한
조바심 나는	힘이 빠지는	무딘	성가신	심술난
졸리는	답답한	무서운	성난	절망스런
충격적인	피곤한	혼란스러운	힘겨운	불만족스러운
침울한	피로한	회의적인	분개한	불쌍한
민망한	지겨운	지치는	좌절스러운	질리는

과제2

▶ 느낌을 자각하고 명명하기

다음 주 동안 가능한 많은 순간, "지금 나의 느낌이 무엇인지" 자각하기 위해서 노력해 봅시다. 관찰된 느낌을 적절한 정서 단어로 명명해 봅시다.

상황	경험한 느낌

다. 욕구

비폭력 대화의 세 번째 요소는 **내가 알아차린 느낌이 어떤 욕구와 관련되는지 찾아내는 것이다.** 이러한 관점은 상황이나 다른 사람의 행동이 내가 경험하는 느낌을 불러일으키는 자극이 될 수 있어도, 내가 느끼는 느낌의 직접적인 원인은 아니라는 것을 강조한다. 이러한 관점에서는 내가 경험하는 느낌의 원인이 외부에 있지 않고, 나의 욕구와 관련이 되어 있다고 본다.

욕구의 중요성 역시 다양한 심리학적 이론에서 강조되고 있다. 자신의 내면의 욕구를 자각하고, 이러한 욕구를 적절하게 충족하고자 노력하는 것은 건강하고 행복한 삶을 영위하는 직접적인 방법이 될 수 있다. 개인의 심리적 안녕을 돕기 위한 상담 이론인 현실치료(Glasser, 2003)에서도 개인이 자신의 욕구를 발견하는 과정을 심리적 건강을 찾는 변화의 핵심 단계 중 하나로 본다.

자신이 원하는 것을 안다는 것은 자칫 쉬운 것처럼 생각되지만, 진정으로 스스로 무엇을 원하고 있는지 이해하는 것은 쉽지 않다. 특히 부정적인 정서가 경험될 때 해당 정서를 과도하게 지각하거나 반추하게 되면, 분노, 우울, 비난, 자책 등을 표현하느라 정작 스스로 원하는 것에 집중할 수 없게 된다. 상황에 따른 자신의 욕구를 자각한다는 것은 스스로의 느낌이 어떠한 욕구 충족 혹은 결핍과 관련된 것인지를 이해한다는 것을 의미한다. 비폭력대화에서는 단순히 정서를 표현하는 것에 그치지 않고, 정서를 유발하는(내가 필요로 하는) 욕구에 기반하여 의사소통을 할 때, 더 본질적인 대화가 이루어질 수 있을 것이라고 강조한다.

연습14

대인관계(가족, 친구, 연인 등)에서 기억에 남는 최근 사건을 하나 떠올려 봅시다.

그 상황에서 나는 무엇을 관찰했습니까?

그 상황에서 나의 느낌은 구체적으로 무엇이었습니까?

그 상황에서 나의 욕구는 무엇이었습니까? 나는 그 관계에서 무엇을 바랐습니까?

욕구를 중심으로 의사소통을 한다는 것은 나의 느낌의 원인을 상대방의 것으로 탓하거나 비난하지 않도록 한다. 예를 들어, 다른 사람과의 관계에서 내가 '외로움'을 느꼈다면, 이러한 외로움이 '상대방이 나에게 차갑게 대했기 때문'이 아니라 '상대방과 친해지고 싶었던 나의 욕구가 충족되지 않았기 때문에' 발생한다고 보는 것이다. 이러한 관점은 타인을 향해 '나를 차갑게 대한 너의 잘못'이라고 비난하는 것을 막고, '친해지기를 원하는' 나의 바람을 보다 분명하게 전달할 수 있게 한다.

비폭력대화에서는 이 과정에서 "나는 ~이 필요하기 때문에, ~를 느낀다"라는 문장을 활용할 수 있다고 안내한다. 위의 예시로 돌아가 보면, "나는 너와 친해지고 싶기 때문에, 그렇지 않은 상황에서 외로움을 느낀다"로 표현될 수 있다. 기계적으로 해당 문장을 사용하기보다 상황과 본인의 특성에 적합한 문장을 사용하되, '나는 지금 이 관계에서 어떠한 욕구를 충족하기를 원하는지, 나는 어떠한 것을 필요로 하는지'에 대해서 초점을 두는 것은 잊지 않아야 한다.

연습15

다음의 대화를 '욕구' 중심으로 다시 바꾸어 봅시다.

• 네가 약속을 하나도 중요하게 생각하지 않는 것 같아 화가 나	
• 내가 하지 말라는 걸 그렇게 계속하면, 내가 기분이 나쁠 수밖에 없지 않을까?	
• 세상이 너무 빨리 변하고 확실한 게 없어서 너무 불안하다.	
• 내가 쉴 수 있는 시간이 하나도 없어서 피곤하고 지친다.	
• 내 마음대로 되는 일이 하나도 없어서 아무것도 못하겠고 무기력하다.	
• 부모님이 취업에 대해 계속 압박을 줘서 답답하고 조급한 마음이 든다.	
• 수업이 바뀌고 아직 적응할 시간이 없어서 모든 것이 낯설고 어색하다.	
• 만날 때마다 큰 소리로 화내듯이 이야기하시니 제가 너무 무섭습니다.	

• 그렇게 네가 원하는 것만 일방적으로 요구하면 내 마음이 어떨 것 같아?	
• 요즘 우리가 만날 때마다 싸우는 것 같아서 우리 관계에 회의감이 들어.	

라. 부탁

비폭력 대화의 마지막 요소는 **다른 사람이 해 주기 바라는 것을 부탁하는 것이다**. 대인관계에서 내가 필요로 하는 것을 자각했다면, 상대방에게 원하는 행동을 구체적으로 부탁할 수 있다. 이러한 부탁은 상대방에게 나와의 관계에서 '무엇을 해야 하는지'를 명확하게 이해하도록 돕는 기능도 가진다.

이처럼, 상대방과의 관계에서 내가 바라는 것을 부탁할 때 주의해야 할 것들이 있다. 먼저, 부탁을 할 때에는 'don't', 즉 부정문이 아니라 'do', 긍정문의 언어를 사용하는 것이 권장된다. 먼저, 무엇을 '하지 말라'고 하는 것은 무엇을 '하라'고 하는 것보다 실패할 가능성이 높다. 둘째, 무엇을 '하지 말라'는 것은 우리가 원하는 방향을 명확하게 설명하지 못한다. 예를 들어, '차갑게 대하지 말라'는 것은 차가운 말과 행동 대신에 구체적으로 무엇을 하라는 것인지에 대해서는 충분히 설명해 주지 않는다.

또한 부탁을 할 때에는 구체적인 행동으로 표현하는 것이 더 효율적일 수 있다. '나를 더 사랑해 줘', '저를 조금만 더 존중해 주세요'와 같은 부탁은 상대방에게 행동의 방향성을 알려주지만, 그것이 어떠한 행동으로 표현되기를 원하는지에 대해서는 여전히 알려주지 않는다. 내가 생각하는 사랑의 행동은 '매일 안부를 물어봐 주는 것'이지만, 상대방이 생각하는 사랑은 안부를 묻는 빈도 보다는 '연락이 되지 않아도 서로 의심하지 않고 믿어 주는 것'으로 표현될 수 있다. 상대방의 행동에 대한 부탁이 구체적일수록 자신이 원하는 욕구가 충족될 가능성도 높아질 수 있다.

연습16

▶ **부탁하기**

다음의 부탁 내용을 보고, 보다 더 효과적인 부탁 표현으로 바꾸어 봅시다.

문장	관찰
· 다른 사람을 좀 신경 써 줘	
· 우리 동아리에 애정 좀 가지면 좋겠어	
· 나에게 화내면서 명령하지 마	
· 제발 상식적으로 생각하고 행동해 줘	
· 네가 나를 이해해 주기를 바라	
· 술 좀 그만 마시면 좋겠어	
· 나를 세상에서 제일 행복한 사람으로 만들어 줘	
· 저를 존중해 주시면 좋겠습니다.	
· 그렇게 내가 하는 말을 중간에 끊으면, 내가 무시당하는 것처럼 느껴지잖아	
· 만날 때마다 취업에 대해서 이야기하는 건, 저를 못 믿는 것 같아서 속상합니다. 그만해 주세요	
· 제가 뭘 부탁하면 좀 친절하게 대해 주시면 안 되나요?	
· 항상 보면 본인 것만 먼저 챙기시던데, 이제 저한테 좀 양보해 주시죠	

부탁과 관련하여 마지막으로 생각해 볼 것은 바로 이에 대한 상대방의 입장이다. 우리가 상황을 관찰하고 느낌을 전달하며, 스스로의 욕구와 필요성에 기초하여 상대방에게 원하는 행동을 부탁했을 때, 상대방은 이러한 부탁을 들어주어야 할 의무가 있는가? 만약 나의 부탁을 상대방이 당연히 들어주어야 한다고 생각한다면, 내가 했던 부탁은 더 이상 부탁이 아니라 강요가 될 수 있다. 즉, 부탁을 할 때에는 내가 부탁을 한다고 하더라도 이에 대해서 상대방이 거절할 수 있다는 것도 인정해야 한다. 부탁이 강요가 되는 순간, 이는 상대방에 대한 또 다른 폭력이 될 수 있다. 나의 욕구가 중요한 것과 마찬가지로 상대방의 욕구 또한 중요하다. 그리고 때로는 해당 욕구들이 충돌될 수도 있으며, 내가 상대방에게 바라는 행동을 상대방은 하지 않기를 바랄 수 있다. 중요한 것은 다른 사람을 희생시켜서 나의 욕구를 충족하는 것이 우리의 목표가 아니라는 것이다. 나의 욕구와 필요성으로 인해 상대방에게 부탁할 수 있는 것이 나를 존중하는 것이라면, 상대방이 부탁을 들어주지 않았을 때 그것을 인정하는 것은 상대방을 존중하는 것이다.

연습17

연습14의 연습으로 다시 돌아가 봅시다.

그 상황에서 나의 욕구는 무엇이었습니까? 나는 그 상황에서/그 관계에서 무엇을 바랐습니까?

....

그 상황에서 상대방이 어떻게 행동/생각해 주기를 바랍니까?

....

나의 요청을 구체적인 표현으로 상대방에게 부탁해 봅시다.

....

상대방은 이 부탁을 들어줄 것으로 기대합니까? 만약 상대방이 이 부탁을 들어주지 않는다면, 어떠한 이유 때문일까요?

....

마. 상대방의 4요소를 발견하기

앞에서 살펴본 비폭력대화 의사소통 모델의 4요소는 본인뿐만 아니라 관계를 맺고 있는 상대방으로부터도 발견될 수 있다. 관찰-느낌-욕구-부탁의 4요소를 상대방을 중심으로 바라본다면, 다음의 질문들이 만들어질 수 있다.

① 상대방은 지금 무엇을 관찰하고 있는가?
② 상대방은 지금 무엇을 느끼는가?
③ 상대방이 지금 원하는 것이 무엇인가?
④ 상대방이 나에게 원하는 부탁은 무엇인가?

이처럼 대인 관계에서 상대방의 관찰, 느낌, 욕구를 이해하고자 노력하고, 상대방이 나에게 어떠한 것을 원하는지 고려하고자 하는 태도는 상대방을 존중하는 태도와 밀접하게 연관된다. 그리고 이렇게 자신과 타인을 존중하는 태도는 모든 건강한 의사소통의 가장 핵심이 된다. 상대방으로부터 발견한 요소들은, 그것을 알아주고 이해해 주는 의사소통 표현으로 다시 전달될 수 있다. 상대방의 정서가 어떠할 것으로 이해되는지를 공감하고, 이때 상대방이 바라는 것이 무엇인지 타당화해 주며, 상대방이 원하는 부탁을 수용할 수 있는 상황에서 들어줄 수 있다. 이러한 공감과 타당화는 유능한 의사소통자의 역량으로 반복적으로 언급되어 온 것임을 기억하자.

연습18

▶ 상대방의 4요소 듣기

연습14의 연습으로 다시 돌아가 봅시다.

그 상황에서 상대방은 무엇을 관찰했을까요?

그 상황에서 상대방은 어떠한 감정을 느꼈을까요?

그 상황에서 상대방의 욕구는 무엇이었을까요? 상대방은 우리 관계에서 무엇을 바랐을까요?

상대방이 나에게 부탁하고 싶은 행동은 무엇일까요?

참고문헌

- 김유숙(2022),『가족상담(제4판)』, 서울: 학지사.
- 이수연, 권해수, 김현아, 김형수, 문은식, 서경현, 유영달, 정종진, 한숙자(2013),「성격의 이해와 상담」,『한국상담학회 상담학총서』9, 서울: 학지사.
- 이화자, 김순옥(2010),「경험적 부부집단치료 프로그램의 개발과 효과성 검증–Satir 성장모델과 비폭력대화(NVC)모델의 통합」,『상담학연구』, 11(2), 831-854.
- 조소연(2018),「청소년의 자기수용과 타인수용의 고·저 수준에 따른 군집 간의 대인관계 스트레스 차이 연구」, 국민대학교 석사학위논문.
- 최수지, 신효정(2020),「청소년의 자기자비와 공격성 관계에서 자기수용과 타인수용의 매개효과」, 한국웰니스학회지, 15(2), 217-231.
- Adler, R. B., & Proctor, R. F. (2015),「인간관계와 의사소통의 심리학」, 서울: 교육과학사/센게이지러닝.
- Combs, A. W., & Snygg, D. (1959), *Individual behavior: A perceptual approach to behavior*, New York: Harper and Brother.
- Glasser, W. (2003), *Warning: Psychiatry can be hazardous to your mental health*. New York: HarperCollins Publishers Inc.
- Gottman. J. M. (1999), *The marriage clinic: A scientifically-based marital therapy*, New York: Noton.
- Hirsh, S., & Kummerow, J. (1997), 심혜숙, 임승환 옮김,「성격유형과 삶의 양식」, 서울: 한국심리검사연구소.
- Landa, J. M. A., Martos, M. P., & Lopez-Zafra, E. (2010), Emotional intelligence and personality traits as predictors of psychological wellbeing in Spanish undergraduates, *Social Behavior and Personality*, 38(6), 783-794.
- Libert, R. M., & Libert, L. L. (2002), 조현춘, 조현재, 문지혜 옮김,『성격심리학』, 서울: 시그마프레스.
- Rosenberg, M.B. (2004), 캐서린 한 옮김,『비폭력대화』, 서울: 바오출판사.
- Swinkels, A., & Guiliano T. A. (1995), The measurement and conceptualization of mood awareness: Monitoring and labeling ones mood states, *Personality and Social Psychology Bulletin*, 21(9), 934-949.

III.

문화활동을 통한 인성교육

양난미 경상국립대학교 심리학과

가지 않은 길(The Road Not Taken)

로버트 프로스트(Robert Frost)

단풍 든 숲속에 두 갈래 길이 있었습니다
몸이 하나니 두 길을 가지 못하는 것을
안타까워하며, 한참을 서서
낮은 수풀로 꺾여 내려가는 한쪽 길을
멀리 끝까지 바라다보았습니다

그리고 다른 길을 택했습니다, 똑같이 아름답고,
아마 더 걸어야 될 길이라 생각했지요
풀이 무성하고 발길을 부르는 듯했으니까요
그 길도 걷다 보면 지나간 자취가
두 길을 거의 같도록 하겠지만요

그날 아침 두 길은 똑같이 놓여 있었고
낙엽 위로는 아무런 발자국도 없었습니다
아, 나는 한쪽 길은 훗날을 위해 남겨 놓았습니다!
길이란 이어져 있어 계속 가야만 한다는 걸 알기에
다시 돌아올 수 없을 거라 여기면서요

오랜 세월이 지난 후 어디에선가
나는 한숨지으며 이야기할 것입니다
숲속에 두 갈래 길이 있었고, 나는-
사람들이 적게 간 길을 택했다고
그리고 그것이 내 모든 것을 바꾸어 놓았다고

출처: 네이버 세계의 명시

경상국립대학교 교육 이념은 ‘개척정신을 바탕으로 진리를 탐구하는 인재 양성’이다. 구체적인 교육 목표는 ‘개척정신을 바탕으로 학문의 발전을 선도하고, 미래사회에 필요한 인재를 양성하여 지역사회 및 국가발전에 기여함’이다. 따라서 우리 대학의 핵심 가치는 ‘개척’이고 인재상은 ‘미래사회를 선도하는 혁신과 상생의 개척인’이다.

개척정신의 사전적 정의는 ‘아무도 손대지 않은 분야의 일을 처음 시작하여 새로운 길을 닦고자 하는 정신’이다(네이버국어사전, 2022.7.18.). 현재까지 경험해 보지 않은 새로운 영역과 진로에 처음으로 도전해서 이제까지와는 다른 새로운 길을 열어 나가려는 마음이다. 우리 대학은 우리 대학의 졸업자가 개척정신을 가지고 불안한 미래를 개척하고 도전하기를 기대한다.

이런 정신을 보여 주는 시가 바로 「가지 않은 길」이다. 안전하고 알려진 길 대신에 더 많이 걸어야 할 것 같고 풀이 무성한 길을 택할 수 있는 심리적인 특성이 무엇일까? 이 장에서 불확실한 미래에 대비하기 위해 우리가 가져야 할 가장 중요한 심리적 덕목으로 창의성, 리더십 그리고 도전의식을 선정하고 이를 통해 개척정신을 설명하고자 한다. 구체적으로 창의성, 리더십 그리고 도전의식의 의미를 살펴보고 연습을 통해 실제에 적용하고 각 역량을 개발해 보고자 한다.

제1장 창의성

◆ 생각할 거리

당신이 생각하는 창의성을 정의해 보시오.

창의성이란 ________________ 이다.

당신이 생각하는 가장 창의적인 사람은 누구인가?

____

그 사람의 어떤 점이 창의적이라고 느껴지는가?

____

창의성은 현재 존재하지 않는 새로운 아이디어를 생각하거나 만드는 성격적인 특성으로 그 결과 독창적이고 가치 있는 무엇인가를 생성해 내는 과정이다. 어린 시절 지루한 수업에서 한 엉뚱한 상상에서부터 현재 경험하고 있는 문제에 대한 창의적 문제 해결까지 창의성은 다양한 영역에서 발휘될 수 있다.

1. 창의성의 정의

창의성을 연구하는 학자의 수만큼 창의성에는 다양한 정의가 존재한다. 대표적인 정의를 정리해 보면 다음과 같다. 당신이 생각하는 창의성에 가장 가까운 정의는 무엇인가?

<표 4> 창의성의 정의

연구자(연도)	정의
Amabile(1983)	창의성은 발견적(heuristic) 과제를 해결하는 데 필요한 산출물이나 대답 중 기발하고 적절하며, 유용하고 가치 있는 것이다.
Csikszentmihalyi(1996)	기존의 영역을 변화시키거나 기존의 영역으로부터 새로운 변형을 만드는 행위, 사고, 작품 등으로 영역(domain), 현장(field), 개인(individual)이라는 세 부분으로 이루어진 체계 속의 상호 작용을 통해 관찰되는 것이다.
Kampylis(2009)	창의성은 독창적이고 유용하고, 윤리적이고 건설적이며 사회적으로 가치 있는 산출물을 생산해 내는 개인의 태도, 능력, 스타일을 서술하는 포괄적인 용어이다. 창의성의 발현 과정은 개인적이면서 집단적으로 이루어지며, 장소와 시간, 정치, 경제, 사회, 문화적 맥락 속에서 상호 작용을 통해 생겨난다.
Torrance(1974)	창의성은 일반화된 정신 능력들의 집합이며 전혀 볼 수 없었거나 존재하지 않았던 새로운 아이디어나 가설을 세우고, 그것을 검증하고, 그에 따른 결과를 전달하는 과정이다.
Weisberg(2006)	창의적 사고는 어떤 사람이 어떤 일을 하는 동안 의도적으로 새로운 산물을 생산할 때 일어나는 것이다. 사회는 그 의도적 생산물을 높이 평가할 때도 있고 그렇게 하지 않을 때도 있지만 그 모든 것이 창의적 산물이며 이것을 생산한 사람은 창의적 인물이다.

출처: 박경현(2013) 11쪽 일부 수정

창의성에 대해 이렇게 나양한 정의기 존재하는 이유는 창의성이 다면적인 특성이며 동시에 수행과 성취로 실행될 수 있다는 점 때문일 것이다. 정은이(2002)는 다양한 창의성의 정의를 정리하여 인지심리학적 관점, 정의적 관점, 인지적 과정의 관점에 초점을 두어 설명하고 있다. 이를 살펴보면 먼저 인지심리학에서는 게슈탈드(Gestalt) 심리학의 지각(perception)과 인지(cognition)를 중심으로 창의성을 정의한다. 이 관점에서 창의성은 아이디어를 재구성하거나 조화시켜서 기존에 존재하지 않는 새롭고 더 좋은 아이디어를 만드는 데 초점을 둔다. 즉, 창의성을 인지적 능력으로 가정했는데 대표적으로 Guilford(1967)의 '지능 구조(structure of intellect) 모델'이 있다. 그는 지능을 내용 차원, 인지 조작 차원, 결과 차원의 세 개 차원, 총 180개 요인으로 구성된다고 가정했다. 이 모델에서는 인지 조작 차원의 하위 능력으로 인지, 기억, 수렴적 산출, 확산적 산출과 평가 등의 사고력을 제안했다. 이때 확산적 산출 사고력은 이미 알고 있거나 기억된 지식뿐만 아니라 새로운 지식을 창출하는 능력으로, 창의성의 기본 유형으로 가정하고 '창의성이란 새롭고 신기

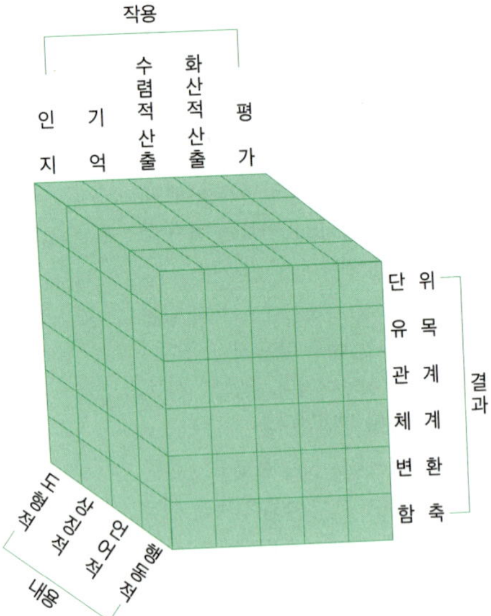

<그림 1> Guilford(1967)의 지능 구조 모델

한 것을 낳는 힘'으로 정의될 수 있다(정은이, 2002).

다음으로 정의적 관점에서는 성격, 내적 경험 등을 중심으로 창의성을 정의하는데, 이 관점에서는 지능이 높다고 할지라도 창의적 성향이 없으면 창의적 산물이 있을 수 없다고 가정했다(정은이, 2002). 창의성에는 사물에 대한 깊은 관심과 흥미, 판단에 대한 자율성 및 독립성, 자기표현에 관한 강한 의욕 및 동기, 통제의 태도, 새로운 경험에 대한 개방성, 문제에 대한 도전성 및 모험심, 문제 해결을 위한 인내심 등이 포함될 수 있다고 설명했다. 대표적으로 Maslow(1971)는 자아실현을 이룬 사람의 특징을 15가지로 제시했는데 현실에 대한 정확한 인식, 수용적 태도, 솔직성과 자발성, 창의적 태도, 예민한 감상 능력, 절정 경험, 자율성, 혼자만의 시간에 대한 욕구, 문화적 압력에 대한 저항, 깊이 있는 대인 관계, 인도주의적 성향, 비공격적인 유머 감각, 사명 의식과 헌신적 태도, 민주주의적 인격 구조, 수단과 목적의 분별 등이다. Maslow(1963)는 상상력, 환상, 열정과 같은 무의식에서 나오는 일차적 창의성과 합리적, 논리적, 생산적 창의성으로 창의적 문제해결력과 같은 능력을 이차적 창의성이라고 구분했다. 철학, 과학, 예술에서 위대한 걸작들은 일차적 창의성과 이차적 창의성이 통합된 것이다.

마지막으로 창의성을 인지적 과정의 관점으로 설명할 수 있는데 컴퓨터가 어떤 정보를 하나의 저장소에서 다른 저장소로 옮기는 과정처럼 인지적 과정으로 창의성을 이해한다. 대표적으로 Taylor(1988)는 '창의성은 특정한 목적을 갖고 모인 집단이 지속성과 유용성이 있는 신기한 작품을 만들어 내는 과정'이라고 설명했다(정은이, 2002 재인용). 그리고 그는 창의성을 문제의 포괄적 인식, 문제에 대한 지각의 변형, 창의적 산물의 생산 등의 3단계 과정으로 구분했다. 따라서 창의성은 인지심리학적 관점, 정의적 관점, 인지적 과정의 관점 등 다양한 관점에서 정의되고 활용되고 있다.

연습1

▶ **창의성**

나의 창의성은? 아래에 있는 원을 활용하여 가능한 많은 그림을 그려 봅시다.

당신의 그림을 스스로 평가해 봅시다.

1. 당신은 시간이 부족하다고 생각할 만큼 많은 생각이 떠올랐습니까?

2. 당신의 그림은 서로 다른 다양한 내용을 포함하고 있습니까?

3. 당신의 그림은 얼마나 풍부하고 정교한 세부 요소를 포함하고 있습니까?

옆 사람의 그림과 비교해 보고 서로 느낀 점을 이야기해 봅시다.

4. 나의 느낀점:

5. 상대방이 느낀 점:

6. 당신은 창의적인 사람인가요?

2. 창의성의 구성 요인

문정화와 하종덕(2005)은 창의성의 구성 요인을 인지적 측면에서 유창성, 융통성, 독창성, 정교성으로, 정의적 측면에서 민감성, 개방성, 인내심, 모험심으로 설명했다. 각 요소에 대한 설명을 정리하면 표 5와 같다.

<표 5> 창의성의 구성 요인

	정의	학습 활동
유창성	· 특정한 문제 상황에서 가능한 한 많은 아이디어나 반응을 산출하는 능력을 의미 · 유창성이 높아서 아이디어를 많이 내면 낼수록 독창적인 아이디어나 만족할 만한 해결책을 찾아낼 가능성이 높아짐 · 창의적 사고의 과정에서 비교적 초기 단계에서 많이 요구되는 기능	· 과제로부터 많은 것을 연상하기 · 특정한 문제 상황에서 가능한 많은 대안 제시하기
융통성	· 고정적인 사고방식에서 벗어나 여러 각도에서 다양한 해결책을 찾아내는 능력으로 사고의 틀을 바꾸는 능력 · 아이디어의 종류가 여러 가지 다른 것에서 비롯되기에 주어진 내용이 일반적으로 상상할 수 없는 것들을 강제로 결합해서 특이한 아이디어를 생산하는 능력을 갖고 있음 · 정상적인 사고의 패턴으로부터 동떨어진 사고를 일반화하고 조금 더 가치를 높이는 데 있음.	· 서로 관계가 없는 듯한 사물이나 현상들 간의 관련성 찾기 · 사물이나 현상의 여러 가지 속성들을 추출하고 속성별로 생각하기 · 발상 자체를 전환해 다양한 관점을 적용하기
독창성	· 기존의 것과는 다르게 새롭고 독특한 아이디어를 산출하는 능력 · 평소에 가능한 한 특이하고 새로운 방식으로 문제를 해결하려는 태도를 가질 때 가능 · 의외의 가능성을 창출해 낼 수 있는 밑바탕이 되며, 깜짝 놀랄 만한 시선을 끌 수 있는 자원	· 다른 사람과 다른 기발하고 새로운 생각하기 · 기존의 사물이나 생각을 부정하고 다르게 생각하기
정교성	· 기존의 아이디어에 흥미롭고 유용한 세부 사항을 추가하여, 보다 가치 있는 것으로 발전시키는 능력 · 자세하게 뭔가를 덧붙이고 빈 공간을 메우고, 관련 있는 아이디어를 그룹화하고 확장하는 능력 · 은연중에 떠오른 여러 가지 아이디어를 정교하게 다듬어서 훌륭하게 발전시키는 작업이 창의적 사고의 마지막 단계에서 필요	· 아이디어를 보다 구체적이고 세밀하게 만들기 · 잘 다듬어지지 않은 생각을 실제적 가치를 고려하여 발전시키기
민감성	· 주변의 환경에 대해 예민한 관심을 보이고 이를 통해 새로운 탐색 영역을 넓히려는 성향이나 태도 · 평소 사물이나 상황을 호기심을 갖고 대하고 의문점은 끊임없이 질문하는 태도에서 민감성은 길러짐 · 민감성은 새로운 발견의 기초	· 주변 상황에 대한 호기심이나 의문 갖기 · 익숙한 것을 낯설게 생각해 보기 · 낯선 것을 친밀한 것으로 생각해 보기

	정의	학습활동
개방성	• 자신의 경험에 제한받지 않고 모든 가능성을 수용하려는 성향이나 태도 • 항상 열린 마음으로 새롭고 다양한 경험을 할 때 고정관념에 빠지지 않고 사물을 다양하게 보는 능력 • 개방적인 성향일수록 융통성이 높아 보다 창의적인 사고가 가능해짐	• 다양한 경험 수용하기 • 타인의 입장에서 보기 • 한계나 제한으로부터 벗어나기
인내심	• 불확실함을 견디며 끝까지 포기하지 않는 성향이나 태도 • 애매모호한 상황을 잘 참아내면서 무엇인가를 찾으려 하는 태도에서 창의적 사고가 가능해짐 • 어려운 상황이나 문제를 피하지 않고 과제가 해결될 때까지 물고 늘어지는 집착력이나 인내심은 새로운 발견을 경험할 수 있는 훌륭한 태도	• 과제에 대한 주의집중 기간을 연장하기 • 상황의 애매모호함을 견디기 • 결정을 유보하기 • 쉽게 포기하지 않기 • 어려움을 극복하기
모험심	• 위험을 감수하며 장애를 극복하려는 성향이나 태도 • 새로운 상황에 대해 피하기보다는 도전의식을 갖고 두려움 없이 부딪치는 성품이 다양한 경험을 할 수 있게 함 • 실수나 실패가 두려워 모험을 피하면 새로운 경험도 할 수가 없음. • 모험심은 창의적 사고의 기회를 높여 줌	• 두려움 직면하기 • 새로운 상황에 접해 보기

연습2

▶ 창의성 연습하기

다음 각 질문에 가능한 많은 아이디어와 해결책을 제시해 주시오.

1. [유창성] 클립으로 할 수 있는 것을 다양하게 생각해 보자.

1-1. ______

1-2. ______

1-3. ______

1-4. ______

1-5. ______

1-6.

1-7.

2. [융통성] 컵과 책의 공통점을 다양하게 생각해 보자.

2-1.

2-2.

2-3.

2-4.

2-5.

2-6.

2-7.

3. [독창성] 이제까지 먹어 본 적이 없는 새로운 맛의 라면을 만들어 보자.

3-1.

3-2.

3-3.

3-4.

3-5.

3-6.

3-7.

4. [정교성] 숫자 1, 3, 7을 이용하여 재미있는 그림을 그려 보자.

5. [민감성] 사과와 가장 비슷한 식감을 가진 음식을 생각해 보자.

5-1.

5-2.

5-3.

5-4.

또한 사과와 가장 비슷한 향은 무엇인지 생각해 보자.

5-5.

5-6.

5-7.

5-8.

6. [개방성] 현재까지 입어 보지 않았던 색의 옷을 입어 본다면 어떤 색을 입을지 생각해 보자. 그리고 그 옷은 입을 나는 어떨지 생각해 보자.

6-1. 어떤 옷?

6-2. 그 옷을 입은 나는?

7. [인내심] 내가 하고 싶은 일을 10가지 이상 생각해 보자.

7-1.

7-2.

7-3.

7-4.

7-5.

7-6.

7-7.

7-8.

7-9.

7-10.

8. [모험심] 불가능하다고 생각했지만 해내었던 일을 생각해 보자.

8-1.

8-2.

8-3.

8-4.

8-5.

8-6.

8-7.

연습3

▶ **아이디어와 해결책 제시하기**

다음 사례에서 읽고 가능한 많은 아이디어와 해결책을 제시해 주시오.

당신은 핸드폰을 자주 사용합니다. 핸드폰은 강의에 집중하는 데 방해가 됩니다. 핸드폰을 보다가 중요한 강의 내용을 놓치기도 하고 정해진 시간에 과제를 마치지 못하기도 합니다. 이 문제를 어떻게 해결할 수 있을까요?

1)

2)

3)

4)

5)

당신의 해결책을 다음 평가 기준에 비추어 평가해 주시오.

	매우 부족 ①	부족 ②	조금 부족 ③	조금 충실 ④	충실 ⑤	매우 충실 ⑥
1) 유창성	①	②	③	④	⑤	⑥
2) 융통성	①	②	③	④	⑤	⑥
3) 독창성	①	②	③	④	⑤	⑥
4) 정교성	①	②	③	④	⑤	⑥
5) 민감성	①	②	③	④	⑤	⑥
6) 개방성	①	②	③	④	⑤	⑥
7) 인내심	①	②	③	④	⑤	⑥
8) 모험심	①	②	③	④	⑤	⑥

1. 당신의 해결책에서 가장 충실한 구성 요소는 무엇입니까?

2. 당신의 해결책에서 가장 부족한 구성 요소는 무엇입니까?

3. 당신의 해결책에서 부족한 구성 요소를 보완하기 위해서 당신이 할 수 있는 일은 무엇입니까?

1)

2)

3)

생각보다 당신이 창의적이지 않다고 느껴진다면 우리는 우리의 창의성을 촉진하기 위해서 다음과 같은 노력을 할 수 있다(Berk, 2015). 첫째, 위험을 감수한다. 새로운 아이디어가 모두 의미 있는 것은 아니다. 어떤 아이디어는 너무 엉뚱하여 전혀 현실성이 없을 수도 있다. 그러나 새롭고 독특한 방식으로 생각하는 것을 연습하는 것은 우리가 독특한 생각을 할 수 있도록 돕는다.

둘째, 상식에 대한 대안을 생각해 보도록 한다. 우리는 상식적으로 생각하고 이에 근거해서 행동한다. 예상이 가능하고 예측 가능한 범위에서 생각하고 행동한다. 이러한 생각의 틀을 깰 수 없다면 우리의 행동은 제한된 범위에 있다. 자기 생각의 틀을 깨기 위해서 우리가 생각하던 상식에 대한 대안을 생각해 보는 것이 필요하다. 예를 들면 '만약 핸드폰이 없다면 우리의 삶은 어떻게 될까?' 혹은 '갑자기 전기가 나간다면 당신은 무슨 일을 가장 먼저 할 것인가' 등이다.

셋째, 노력하는 나를 칭찬하라. 창의성은 1%의 영감과 99%의 땀으로 구성된다. 갑자기 떠오르는 아이디어가 완벽한 것일 수는 없지만, 아이디어를 가다듬는 노력을 통해 의미 있는 결과물이 나올 수 있다.

마지막으로 '나는 창의적이지 않다'라고 하는 두려움을 극복해야 한다. '나는 창의적이지 않다'라는 생각의 틀에 갇혀 있다면 창의적일 수 없다. 스스로 부정적인 자기평가를 극복하고 넘어서야 우리는 창의적으로 성장할 수 있다.

연습4

▶ 모험하기

1. 당신이 지금까지 시도하지 않았던 행동 중에서 모험을 한다면 시도해 보고 싶은 일은 있습니까? 당신이 할 수 있는 모험을 적어도 세 가지 이상 적어 보시오.

1)

2)

3)

4)

5)

2. 위에 적은 모험에 공통점이 있습니까?

3. 당신이 현재 주저하고 미루고 있는 모험을 실행하기 위해서 당신이 용기를 내야 할 점이 무엇입니까?

연습5

▶ 대안 생각하기

당신이 혼자 있을 때 외계인을 만났습니다. 위협적인 모습은 아니었지만, 당신은 외계인과 의사소통을 해야 합니다.

1. 당신은 어떻게 그 외계인과 의사소통을 할 것입니까? 적어도 세 가지 이상 적어 보시오.

1)

2)

3)

4)

5)

2. 무슨 이야기를 하고 싶습니까?

연습6

▶ **나를 칭찬하라**

1. 당신이 생각하는 당신의 약점을 세 가지 적어 보시오.

1)

2)

3)

2. 시선을 바꾸어서 당신의 약점이 강점이 된다고 생각해 봅시다. 어떤 점에서 강점이 될 수 있을까요?(도저히 생각이 안 난다면 주변 사람에게 물어보아도 좋습니다.)

1)

2)

3)

3. 당신의 약점을 강점으로 만들기 위해서 당신이 할 수 있는 일이 있다면 무엇일까요?

1)

2)

3)

◈ 읽을 거리

1만 시간의 법칙

미국의 심리학자 안데르스 에릭슨(Anders Ericsson)은 연구를 통해 세계적인 연주자와 아마추어 연주자 사이의 연주 실력 차이는 타고난 재능보다는 연주 연습 시간 때문이라고 설명하였다. 세계적인 연주자 집단은 연습 시간이 적어도 1만 시간 이상이었다는 점을 보여 주었다. 즉, 어떤 분야에서 전문가가 되기 위해서는 적어도 1만 시간 이상의 연습이 필요하다는 것이다. 1만 시간이 되기 위해서는 매일 3시간씩 연습해서 10년의 연습 시간이, 하루 10시간 이상을 투자한다면 3년의 연습 시간이 필요하다. 특히, 연습을 통해서 전문성을 획득하기 위해서는 단순히 1만 시간의 연습에 더해서 의식적인 연습이 필요하다고 하였다. 의식적인 연습이란 집중해서 연습하고, 적절한 피드백을 받고 이러한 피드백을 반영하여 연습 과정을 수정하는 것이다.

출처: 교보문고 책 소개 일부 수정

- 당신은 1만 시간 노력한 경험이 있는가? 그 결과는 어떠한가?
- 앞으로 이렇게 노력하고 싶은 분야가 있다면 무엇인가?

연습7

▶ 신데렐라 이야기 다시 쓰기

신데렐라는 어려서 친어머니를 잃은 뒤 아버지가 재혼하여 새어머니와 두 명의 의붓언니와 함께 살게 됩니다. 아버지가 장사 때문에 오랫동안 집을 비우게 되면서 신데렐라는 새어머니와 의붓언니에게 구박을 받으면서 집안일을 하게 됩니다. 한편 왕자의 신부감을 찾기 위한 무도회가 성대하게 열렸지만, 새어머니의 방해로 신데렐라는 집에 혼자 남아 집안일을 할 수밖에 없었습니다. 하지만 요정의 도움으로 무도회에 참석하게 됩니다.

1. 위의 이야기는 당신이 잘 알고 있는 '신데렐라'라는 동화입니다. 당신이 익히 알고 있는 이야기와 다른 이야기를 만들어 봅시다. 적어도 3개의 다른 결말을 만들어 보시오.

1) ______________________________

2) ______________________________

3)

2. 4명씩 조를 짜서 함께 이야기를 나누어 보겠습니다.

2-1. 먼저 각자의 이야기를 나누어 봅니다.

2-2. 가장 창의적인 이야기는 무엇입니까?

2-3. 이번에는 각 이야기의 가장 창의적인 부분을 모아서 함께 다시 이야기를 만들어 봅시다.

2-4. 함께 이야기하면서 느낀 점을 나누어 보시오.

제2장 리더십

◆ 생각할 거리

리더십을 생각해 보시오.

이제까지 당신은 여러 활동에서 교사, 반장, 회장 등 다양한 리더와 함께 작업해 왔을 것입니다. 그 경험을 돌이켜 보면서 다음 질문에 답해 보시오.

당신이 경험한 가장 긍정적인 리더는 누구입니까?______________________

그 사람의 리더십의 특징은 무엇입니까?

1.______________________

2.______________________

3.______________________

반대로 당신이 경험한 부정적인 리더십의 특징은 무엇입니까?

1.______________________

2.______________________

3.______________________

당신이 생각하는 진정한 리더는 누구입니까?______________________

그 사람의 어떤 점 때문에 진정한 리더라고 생각하십니까?

1.______________________

2.______________________

3.______________________

우리는 지금까지 살아오면서 다양한 집단을 경험하고 있다. 소꿉친구와의 관계, 학창 시절 반장이나 담임선생님, 친구들 사이, 교회나 동아리 모임, 팀 과제 모임 등 다양한 집단에서 리더를 만나 왔고, 리더가 제공하는 다양한 리더십을 경험해 왔고 때로 당신도 리더가 되어 본 경험이 있을 것이다. 집단에서 구성원끼리 관계가 형성되면 집단을 이끄는 리더가 생기게 되며, 특히 집단원 사이에 공동의 목표가 생기게 되면 목표 달성을 위해 리더가 집단을 이끌게 되는데 이러한 리더의 능력을 리더십이라고 한다(네이버국어사전, 2022.2.4.).

1. 리더십의 정의

리더십은 상황이나 맥락, 연구자에 따라 다양하게 정의되고 있다. 대표적인 정의를 정리하면 다음과 같다. 당신이 생각한 리더십에 가장 가까운 정의는 어떤 정의인가?

<표 6> 리더십의 정의

연구자(연도)	정의
Bass(1990)	어떤 상황이나 조직구성원의 인식을 개선하기 위해 구성원들과 교감하는 과정
Burns(1978)	구성원들의 동기 부여와 만족을 위해 리더가 발휘하는 제도적·정치적인 자원 동원과 그 활동
Hersey & Blanchard(1993)	주어진 조건하에서 조직의 목표 달성을 위해 조직구성원에게 영향력을 행사하는 과정
House et al.(1999)	다른 사람에게 영향을 미치고 동기를 부여해 주며 조직의 성과를 위해 기여할 수 있도록 하는 리더의 능력
Northouse(2004)	공동의 목표를 달성하기 위하여 리더가 구성원들에게 영향을 미치는 과정
Robins(1996)	조직구성원들에게 공동의 목표를 달성하게 하기 위한 필요한 조치의 과정과 그 능력
Rost(1993)	변화를 원하는 공동의 목표를 이루기 위해 리더가 구성원 간의 관계를 형성해 영향력을 발휘하는 것
Stogdill(1974)	리더가 구성원과의 상호 작용 속에서 조직의 비전을 공유하며 이를 위해 노력하도록 이끌어 내는 힘
Yukl(2008)	조직이 요구하는 사항이 잘 이행되고 그것을 어떻게 달성해야 하는지에 대한 이해와 동의가 조직의 다른 구성원들에게 영향을 미치는 과정

출처: 윤선영(2016) 8쪽 및 이상영(2017) 24쪽 수정 보완

연습1

리더로서 당신의 리더십을 생각해 보시오. 당신은 어떤 리더이고 싶습니까?

1) ____________________

2) ____________________

3) ____________________

2. 리더십의 유형

다양한 리더십의 정의를 종합하면 리더십이란 공동 목표를 달성하기 위해 리더가 구성원에게 미치는 영향력이라고 정리할 수 있을 것이다. 이렇게 생각할 때 리더십의 유형은 다양할 수 있는데 이 장에서는 박보식(2017)을 참고하여 1) 거래적 리더십, 2) 변혁적 리더십, 3) 윤리적 리더십, 4) 감성 리더십, 5) 서번트 리더십, 6) 셀프 리더십, 7) 코칭 리더십으로 나누어 설명하고자 한다.

첫째, **거래적 리더십**은 리더와 구성원이 협상과 교환을 통해 서로에게 가치 있는 것을 얻는 리더의 영향력을 의미한다. 거래적 리더십은 리더가 구성원이 가치 있다고 생각하는 것(보상)을 제공하고, 보상에 대한 교환으로 구성원은 바람직한 행동이나 성과를 제공하는 것이다. 예를 들어 수업에서 교사가 열심히 공부하는 학생에게 좋은 학점을 부여하고 열심히 공부하지 않는 학생에게 나쁜 학점을 줌으로써 학생이 열심히 공부할 의욕을 가지게 하는 것이다. 즉, 리더로서 교사는 학점을 제공함으로써 학생이 좋은 학점을 받고자 더 열심히 공부하게 만든다. 다시 말해, 거래적 리더십의 리더는 구성원에게 보상이나 처벌을 제공해 집단이 기대하는 목표나 성과를 달성하도록 격려하고 지지하는 역할을 하게 된다.

둘째, **변혁적 리더십**은 구성원이 기대한 것 이상의 성과를 내도록 하는 리더의 영향력을 의미한다. 리더가 구성원에게 조직의 변화를 가져올 수 있는 새로운 목표를 제시하고 목표 달성을 위해 함께 노력하도록 구성원의 태도를 변화시켜 성과를 끌어내는 유형이다. 리더는 비전 공유를 통해 구성원으로부터 신뢰를 얻고 업무 성과의 중요성과 가치를 인식시킴으로써 구성원들이 변화하도록 동기를 부여하고 좋은 성과를 얻도록 자극하는 것을 의미한다. 예를 들어 변혁적 리더로서 교사는 학생들에게 '1등이 아니라 문제해결자'라는 새로운 비전을 제시하고 학생들 스스로가 문제해결자가 되기 위해 노력하도록 동기를 유발하고 그 결과 기대하는 것 이상의 성과를 얻도록 하는 것이다.

변혁적 리더십은 이상적 영향력, 영감을 주는 동기부여, 개별적 배려, 지적 자극으로 구성된다(Bass, 1985; 박보식, 2017 재인용). '이상적 영향력'은 카리스마로도 불리는데 비전과 사명감을 제공하여 자긍심을 불어넣어 주며, 높은 도덕성을 바탕으로 존경과 신뢰를 얻는 것이다. 그 예로, 남아프리카 공화국의 만델라 대통령(Nelson Mandela)은 남아프리카 공화국 최초의 흑인 대통령이자 흑인인권운동가이다. 만델라 대통령은 남아프리카 공화국에 만연한 아파르트헤이트(Apartheid: 인종격리정책) 반대 운동에 적극적으로 나서면서 종신형을 받고 27년 이상 감옥에 투옥되었다. 하지만 그는 남아프리카 공화국 최초로 진행된 흑인 참여 자유 총선거 결과 선출된 다인종 의회에서 대통령에 선출되었다. 이후 만델라 대통령은 남아프리카 공화국에서 아파르트헤이트를 종결했고 300년 이상 계속되어 온 인종 갈등을 종식시켰다. 이러한 기념비적 변화는 만델라 대통령의 이상적 영향력 즉, 카리스마적 자질과 그에 대한 남아프리카 공화 국민의 호응이 상호 작용하여 만들어 낸 결과이다.

'영감을 주는 동기 부여'는 비전을 제시하고 열정을 불러일으키며 격려를 통해 에너지를 북돋워 주고 업무에 매진하게 한다. 이를 위해 변혁적 리더는 바람직한 목표를 제시하고 공유된 목표를 달성하기 위해 구성원이 각자의 이익을 추구하는 것을 넘어서서 집단 목표를 달성하기 위해 함께 노력하도록 한다. 구체적으로 변혁적 리더는 구성원에게 정서적으로 호소하고 상징적 행동을 통해 구성원의 열정을 끌어낸다. 리더의 특별한 구호나 행동은 구성원의 행동에 영감을 주고 열정적으로 공동의 목표 달성에 매진하도록 돕는다.

그리고 '개별적 배려'는 개인적 관심을 보이고 각 구성원을 개별적으로 대하며 코칭하고 조언하는 것을 의미한다. 리더는 개인적 특성이나 처한 상황에 차이가 있는 다양한 구성원을 이끌어야 한다. 이때 변혁적 리더에게는 각 구성원의 요구와 필요에 맞춘 개별적인 접근을 하는 것이 요구된다. 때로 구성원의 욕구 수준보다는 높은 수준을 요구하며 구성원의 잠재력을 최대한 발휘할 수 있도록 개발하기도 한다.

마지막으로 '지적 자극'은 지능, 합리성, 그리고 세심한 문제 해결을 촉진하는 것이다. 변혁적 리더는 구성원의 신념과 가치뿐만 아니라 조직의 신념과 가치까지 새롭게 바꿔가려고 노력한다. 즉, 구성원의 창의력과 혁신성을 자극하고 새로운 사고와 가치를 생성할 수 있도록 촉진하고 격려한다. 변혁적 리더는 구성원이 조직의 문제점을 다루는데 혁신적인 방법을 개발하고 새로운 접근을 시도하도록 구성원들을 지원한다. 선행 연구에 따르면, 변혁적 리더십의 이상적 영향력, 영감적 동기 부여, 개별적 배려, 지적 자극은 구성원에게 긍정적인 영향을 주는 것으로 밝혀졌다.

셋째, **윤리적 리더십**은 윤리에 근거한 리더십으로 윤리적 리더는 행동과 대인 관계를 통해 구성원들에게 적절한 행동의 시범을 보여 주고 의사소통을 강화하고 의사 결정을 통하여 구성원이 윤리적 방식으로 행동을 할 수 있도록 영향력을 미친다. 따라서 무엇보다 중요한 것은 리더가 윤리적 행동의 모델이 되는 것으로 윤리적 리더십이 구성원 내에서 형성되고 정착되기 위해서는 다양한 문화적, 제도적 요건이 필요한데 윤리적 리더는 윤리적 가치를 구성원과 공유하고 일관되게 높은 투명성과 윤리성을 지향한다. 이를 위해서 리더의 의지, 효율적이고 개방적인 의사소통, 윤리 경영 프로그램, 구체적인 윤리 경영 목표 설정, 윤리 행동강령의 제정, 내부 신고 장치의 구축, 윤리교육 강화 등이 필요하다(박보식, 2017).

최근 기업의 사회적 책임과 윤리 경영이 강조되면서 경영자의 윤리적 역할과 책임 의식이 더욱 요구되고 있다. 따라서 기업가의 윤리적 리더십 역시 중요성이 더욱 강조되고 있다. 윤리적 리더는 조직과 기업의 경영에서 윤리적 비전과 목표를 제공하고 업무 추진 과정도 윤리적으로 이루어질 수 있도록 조정하고 행동한다.

넷째, **감성 리더십**은 자신과 상대의 감성에 대한 이해를 바탕으로 관계 형성 및 유지를 통해 상대로부터 공감을 얻어 냄으로써 공감을 받은 자들이 최선을 다해 직무에 몰입함으로써 높은 성과를 가능하게 하는 리더십 유형이다. 감성 리더는 전문적 지식과 함께 자신의 내면에 대한 이해를 바탕으로 구성원의 감정 및 욕구를 이해하고 배려하는 능력을 갖추고 있으며 이를 통해 구성원의 감성을 긍정적으로 끌어내 성과를 이루게 된다. 효과적으로 감성 리더십을 발휘하려면 냉철하게 자아를 관찰하고 이해해야 하며 자신의 감정을 통제할 수 있어야 한다. 또한 타인에 대한 배려와 애정이 있으면서 도전 의식과 열정이 있어야 한다.

감성 리더십은 리더의 진정성에 기반한 리더십이다. 리더 스스로가 자아를 성찰하고 생각과 감정을 구성원과 공유함으로써 다른 사람들과 밀접한 관계를 형성하는 것을 중요하게 생각한다. 감성 리더는 자기 인식과 자기 규제를 통해 동료, 구성원, 모두에게 진실하고 공정하게 대함으로써 집단에 긍정적인 영향을 미치게 된다. 또한 타인에게 봉사하고자 하는 진정성과 명확한 삶의 가치관을 가지고 구성원과 좋은 관계를 맺으면서 자신의 가치관에 따라 행동한다.

다섯째, **서번트 리더십**은 리더가 구성원의 요구를 만족시키기 위해 헌신하고 봉사하는 리더십으로 소명, 청지기 의식, 인간 존중, 정서적 치유 같은 행동을 강조한다(이상명, 2017). 서번트 리더십의 리더는 인간 존중을 바탕으로 섬기고 봉사하는 자세로 구성원을 후원하고 지지함으로써 구성원의 잠재력을 끌어내고 긍정적인 성과를 얻게 한다. 즉, 리더는 구성원을 존중하고 구성원에게 기회를 제공함으로써 구성원이 스스로 성장하고 진정한 공동체를 이룰 수 있도록 한다는 것이 서번트 리더십의 특징이다. 이를 위해서 리더는 조직이 의사 결정을 수평적으로 할 수 있도록 조직을 변화시키고 구성원 개개인이 창의적이고 자율적으로 의사를 결정하도록 돕는다. 이를 통해 구성원 개개인이 공동체 의식과 주인의식을 가질 수 있도록 하고 구성원의 업무 만족도를 높인다.

선행 연구를 종합하여 이상명(2017)은 서번트 리더십을 경청 및 공감, 설득, 치유 등의 '공감대 형성', 인지 및 통찰, 비전 제시 등의 '방향 제시', 구성원에게 재량권을 주는 '구성원의 성장 유도', 서로의 관점에서 대화를 통한 '공동체 형성'의 4개 구성 요소로 설명했다. 즉, 서번트 리더는 구성원의 요구를 경청하고 공감하며 설득과 치유를 통해 구성원과의 공감대를 형성하고 목표 설정, 비전 제시, 구성원의 통찰 촉진 등으로 공동체의 방향을 제시하는 역할을 한다. 구성원이 스스로 성장할 수 있도록 자율성을 보장하고 구성원과의 의사소통을 통해 서로의 관점을 공유하는 공동체를 형성한다.

여섯째, **셀프 리더십**은 개인 스스로 자신을 관리하여 이끌어 가는 리더십으로 구성원 스스로가 리더가 되어 자기 관찰 및 성찰을 통해 스스로에게 동기를 부여하고 영향력을 행사하는 리더십 유형이다. 셀프 리더십을 통해 리더는 스스로 변화하고 성장해 나간다. 즉, 리더가 구성원에게 영향력을 행사하는 것이 아니라 구성원 스스로가 자신이 나아가야 할 방향을 설정하고 자기 자신을 통제하면서 자신을 이끌어 가는 것이다.

셀프 리더십의 전략으로는 행동 전략, 내적 보상 전략, 인지적 전략이 있다. 행동 전략으로는 자기 목표 설정, 자기 연습, 자기 존중, 자기 보상, 자기비판, 자연적 보상, 건설적 보상이 있으며 내적 보상 전략으로는 자율적 과업 재설계, 환경 여건의 재설계가 있으며 인지적 전략에는 자신의 사고 패턴을 변화시키는 것 등이 포함된다(박보신, 2018). 구체적으로 셀프 리더는 자기 관찰을 통해 자신에게 의미 있는 인생 목표를 설정하고 모든 순간에 자신의 목표를 기억하려고 노력한다. 또한 셀프 리더는 자신의 삶에서 긍정적인 측면에 초점 맞추고 긍정적인 자기 말을 통해 자신을 격려하며 반복된 연습과 자기 보상과 처벌을 통해 스스로를 리더한다.

마지막으로 **코칭 리더십**은 코치가 코치를 받는 사람이 자신의 잠재능력을 스스로 발견하고 그것을 스스로 개발하고 활용해 발전하도록 도와주는 리더십 유형이다. 코칭 리더는 후원적 업무 관계를 개발하고 칭찬과 인정, 존중을 구성원에게 제공하고 사람이 아닌 행동에 집중하여 스스로 자신의 성과를 평가하도록 도우며 사실에 근거한 피드백을 제공한다.

박보식(2018)은 코칭 리더십의 특징을 다음과 같이 설명했다. 코칭 리더와 구성원은 서로 후원적 업무 관계를 개발하고 코칭 리더는 구성원에게 칭찬과 인정을 제공한다. 또한 상대방을 비난하거나 난처하게 하지 않고 사람이 아닌 행동에 집중한다. 코칭 리더는 구성원 스스로가 자신의 성과를 평가하도록 하고 사실에 근거한 코칭 피드백을 제공한다. 코칭 리더는 구성원에게 모델링과 훈련을 제공하지만 비난하지 않는다는 특징을 가지고 있다.

연습2

▶ 유재석의 리더십 분석

여러분은 <런닝맨>이라는 예능 프로그램 속에서 유재석을 본 적이 있을 것입니다. 유재석의 리더십을 분석해 봅시다.

1. 유재석의 리더십의 특징은 무엇입니까?

   1-1. ____________________

   1-2. ____________________

   1-3. ____________________

2. 유재석의 리더십은 리더십 유형 중에 어떤 유형입니까?
   그 이유는 무엇입니까?

   2-1. ____________________

   2-2. ____________________

   2-3. ____________________

연습3

리더십 유형별로 각 유형의 예시로 드라마, 소설, 웹툰, 영화의 주인공을 한명씩 생각해 봅시다. 그리고 그 유형의 장점 2개와 단점 1개를 선정해 봅시다.

1. 거래적 리더십

1-1. 대표적인 예 ____________________

1-2. 장점 1) ____________________

2) ____________________

1-3. 단점 ____________________

2. 변혁적 리더십

2-1. 대표적인 예

2-2. 장점 1)

2)

2-3. 단점

3. 윤리적 리더십

3-1. 대표적인 예

3-2. 장점 1)

2)

3-3. 단점

4. 감성 리더십

4-1. 대표적인 예

4-2. 장점 1)

2)

4-3. 단점

5. 서번트 리더십

5-1. 대표적인 예

5-2. 장점 1)

2)

5-3. 단점

6. 셀프 리더십

6-1. 대표적인 예

6-2. 장점 1)

2)

6-3. 단점

7. 코칭 리더십

7-1. 대표적인 예

7-2. 장점 1)

2)

7-3. 단점

8. 앞서 기술한 당신이 경험한 가장 긍정적인 리더는 어떤 리더십 유형으로 평가될 수 있습니까?

9. 당신이 생각하는 가장 긍정적인 리더십 유형은 어떤 유형이고 그 이유는 무엇입니까?

3. 리더십 키우기

리더십을 키우기 위해서 당신이 가장 먼저 해야 할 일은 당신이 어떤 사람인지 이해하는 것이다. 하지만 내가 어떤 사람인지 설명하는 것은 생각처럼 단순하지 않다. 영화 <성질죽이기(Anger Management, 2003)>에는 다음과 같은 장면이 있다. 평소 자기주장이 어렵고 내성적인 데이브(Adam Sandler)는 비행기 탑승 중 승무원의 오해를 사고 이 일로 재판을 받고 법원에서 제대로 자기주장을 펴지 못하고 '20시간 분노조절 집단상담'의 판결을 받는다. 억울했지만 법원의 판결이라 어쩔 수 없이 라이델 박사(Jack Nicholson)가 운영하는 '분노조절 집단상담' 프로그램에 참여했고 상담자인 라이델 박사님로부터 집단의 다른 사람들 앞에서 다음과 같은 질문을 받는다.

상담자: 데이브, 당신을 소개해 보게. 당신은 어떤 사람인가'?

데이브: 전 애완용품 회사에 다니고 관리팀에서 일합니다.

상담자: (데이브의 말에 끼어들면서) 데이브, 직업이 아니라 자신에 대해 말해 보게.

데이브: 음... 음... 좋아요. 나는 좋은 사람이고 가끔 테니스를 칩니다.

상담자: 내가 취미를 물었나? 간단한 질문이야. 자네가 누구인지 말해 보게.

데이브: 난 그저....(잠깐 침묵). 예를 들어 주신다면 제대로 대답해 볼게요. (옆에 앉은 사람을 바라보며 질문) 당신은 어때요?

상담자: 자네가 누구인지를 옆 사람한테 물어본다고? (사람들 웃음)

데이브: 난 그저... 착한 사람이고 평범한 남자이고 어떨 땐 좀 우유부단하며...

상담자: 데이브 누가 자네의 성격을 물었나? 내가 알고 싶은 건 자네가 누구냐고?

데이브: (약간 화를 내며) 대체 어떤 답을 원해요?

당신이라면 이 질문들에 어떻게 답할 것인가? 나를 설명하는 방식은 다양할 것이다. 가장 쉬운 방법 중 하나는 과거를 회상하면서 지금까지 내가 살아온 과정을 정리해 보는 것이다. 경험한 중요한 사건을 시간순으로 정리해 보고 각 사건이 나에게 끼친 영향을 살펴봄으로써 내가 어떤 사람인지 구체화할 수 있다. 유사하게 나에게 중요한 사람들을 살펴보고 이들과의 관계를 탐색해 보고 이들이 나에게 미친 영향을 살펴보는 것도 방법일 수 있다. 당신은 어떤 사람인가?

연습4

나의 성장 과정을 돌이켜 봅시다. 나는 어떤 사람입니까?

1. 초등학교 이전의 기억 세 가지

1) ______

2) ______

3) ______

2. 초등학교 시절 추억 세 가지

1) ______

2) ______

3) ______

3. 중고등학교 시절 추억 세 가지

1) ______

2) ______

3) ______

나는 어떤 사람입니까?

______

연습5

어린 시절 나에게 중요한 영향을 미친 사람을 기억해 봅시다. 그 사람은 누구이고 그 사람이 나에게 미친 영향은 무엇입니까?

1. 초등학교 이전

1) 누구: ____________________

미친 영향 ____________________

2) 누구: ____________________

미친 영향 ____________________

2. 초등학교 시절

1) 누구: ____________________

미친 영향 ____________________

2) 누구: ____________________

미친 영향 ____________________

3. 중학교 이전

1) 누구: ____________________

미친 영향 ____________________

2) 누구: ____________________

미친 영향 ____________________

4. 고등학교 이전

1) 누구: ____________________

미친 영향 ____________________

2) 누구: ____________________

미친 영향 ____________________

나는 어떤 사람입니까?

____

____

연습6

1. 리더십을 키우기 위해서 당신이 가장 먼저 해야 할 일은 자신이 어떤 사람인지 아는 것입니다. 당신은 어떤 사람입니까? 당신을 설명하는 문장을 10개 적어 보시오.

1) 나는 ____________________

2) 나는 ____________________

3) 나는 ____________________

4) 나는 ____________________

5) 나는 ____________________

6) 나는 ____________________

7) 나는 ____________________

8) 나는 ____________________

9) 나는 ____________________

10) 나는 ____________________

2. 당신은 10개의 문장을 작성하면서 어떤 마음이 들었습니까?

____

3. 당신이 적은 문장을 다시 살펴보시오. 이 문장들 중에서 당신을 가장 잘 나타내는 문장은 무엇입니까? 이를 토대로 당신을 기술해 보시오.

나는 ____________________

____

____________________ 이다.

다음으로 좋은 리더가 되기 위해서 해야 할 일은 당신의 '리더십 비전'을 정리해 보는 것이다. 당신은 어떤 사람이 되고 싶은가? 당신의 인생 목표 혹은 성취하고 싶은 것은 무엇인가? 당신이 머릿속에 그리는 모습이 분명하고 구체적일수록 또한 비전이 실현 가능할수록, 매력적일수록 당신은 그렇게 되기 위해 더 노력할 것이다. 따라서 당신의 '리더십 비전'을 구체적으로, 분명하게, 실현 가능하도록 매력적으로 정해 보자.

연습7

당신은 어떤 사람이 되고 싶습니까? 실현할 수 있고 가장 멋진 미래 당신의 모습 즉, 리더십 비전을 생각해 보시오.

1. ______________________________

2. ______________________________

3. ______________________________

마지막으로 당신에게 중요한 가치는 무엇인가? 당신의 가치에 부합하는 일을 한다면 당신은 그 일을 진정성을 가지고 할 수 있으며 동시에 그 일을 하는 것이 더 의미 있게 느껴질 것이다. 따라서 그 일에 대한 동기와 끈기 역시 생길 것이다.

연습8

당신에게 가장 중요한 가치는 무엇입니까? 다음의 목록에서 선택해 보시오. 그리고 그 가치를 선택한 이유를 기술해 보시오.

성취, 발전, 모험, 미적 감각, 소속감, 풍요, 권위, 자율성, 도전, 변화, 협력, 공동체, 능력, 경쟁, 용기, 창의성, 다양한 관점, 의무, 경제적 안정, 즐거움, 가족, 우정, 건강, 다른 사람 돕기, 유머, 영향력, 내면적 조화, 정의, 지식, 정착, 사랑, 충성심, 질서, 개인적 성장, 신체적 건강, 인정, 책임감, 자존감, 영성, 지위, 신뢰, 지혜

출처: Friedman(2022)

1. 가장 중요한 가치와 선택한 이유?

1) ______________ 이유: ______________

2) ______________ 이유: ______________

3) ______________ 이유: ______________

4) ______________________ 이유: ______________________

5) ______________________ 이유: ______________________

2. 당신은 현재 삶에서 중요한 가치를 어느 정도 실현하고 있습니까? 만약 실현하지 못하고 있다면 어떻게 실현할 수 있을지 생각해 봅시다.

1) ______________________

2) ______________________

3) ______________________

3. 당신은 현재 삶에서 중요한 가치를 어느 정도 실현하고 있습니까? 만약 실현하지 못하고 있다면 어떻게 실현할 수 있을지 생각해 봅시다.

1) ______________________

2) ______________________

3) ______________________

◈ 읽을 거리

그릿(GRIT)

펜실베이니아 대학교의 심리학자 앤절라 더크워스(Angela Lee Duckworth)는 『그릿(GRIT)』에서 성공의 비결은 재능이 아니라 '그릿'이라고 설명한다. GRIT은 성장(Growth), 회복력(Resilience), 내재적 동기(Intrinsic Motivation), 끈기(Tenacity)의 앞 글자를 딴 단어로 열정과 끈기의 조합을 의미한다. '그릿'은 자신이 성취하고자 하는 목표를 끝까지 해내는 힘이고 어려움, 역경, 슬럼프가 있더라도 그 목표를 향해 오랫동안 꾸준히 정진할 수 있는 능력이다. 저자는 1) 관심사를 분명히 하고 2) 질적으로 다른 연습을 하고 3) 높은 목적의식을 가지며 4) 다시 일어서는 자세, 희망을 품는 것이 우리 안에 그릿을 기르는 법이라고 설명했다.

출처: 교보문고 책 소개 일부 수정

제3장 도전 의식

결과가 불확실한 상황에서 당신은 어떻게 행동하는가? 당신은 어느 정도의 성공 가능성이 있는 일에 도전하는가? 그래도 성공 가능성이 절반은 넘어야 시도할 것인가? 아주 실낱같은 희망에도 도전할 것인가? 쉽지 않은 과제에 정면으로 맞서 싸우려고 하는 사람들은 어떤 특성들을 가지고 있는 걸까? 이 장에서는 도전 의식에 대해 알아보고자 한다.

◆ 생각할 거리

도전을 생각해 보시오.

1. 이제까지 당신이 했던 인생의 도전에는 어떤 것이 있을까요?

1) ______

2) ______

3) ______

4) ______

5) ______

2. 당신이 앞으로 도전하고 싶은 것에는 어떤 것이 있을까요?

1) ______

2) ______

3) ______

4)

5)

3. 특히 지금부터 3년 안에 도전하고 싶은 것에는 어떤 것이 있을까요?

1)

2)

3)

도전 의식에 관한 다음 질문에 대해 생각해 보자. 당신의 기억을 되살려 보면 당신은 언제 처음으로 도전을 시작했는가? 당신은 어떻게 그 도전을 시작할 수 있었는가? 이제까지 당신이 한 도전 중에서 가장 기억에 남는 도전은 무엇인가? 또 다른 도전을 할 수 있게 하는 당신의 동기는 무엇인가?

앞서 설명한 바와 같이 창의성을 촉진하기 위한 노력 중 하나는 위험의 감수이다. 당신이 위험을 감수하고 도전하게 시도하는 것은 무엇일까? 어떤 사람에게 도전은 자신의 인생에 중요한 의미나 가치일 수도 있고, 긍정적인 보상이나 감정을 기대해서일 수도 있고 반대로 부정적인 처벌이나 감정을 피하기 위함일 수도 있다. 이번 시간에는 도전 의식을 불러일으키게 되는 과정에 대해서 탐색을 해 보자.

연습1

이전에 하지 않았던 일 중에 새롭게 시도했던 나의 도전에 대해 작성해 봅시다.

1. 초등학교 이전

1-1. 어떤 도전을 했는가?

1-2. 어떻게 그 도전을 할 수 있었는가?

1-3. 그 경험을 통해 내가 얻은 것은 무엇이며, 그건 나에게 어떤 영향을 주었는가?

2. 초등학교

2-1. 어떤 도전을 했는가?

2-2. 어떻게 그 도전을 할 수 있었는가?

2-3. 그 경험을 통해 내가 얻은 것은 무엇이며, 그건 나에게 어떤 영향을 주었는가?

3. 중학교

3-1. 어떤 도전을 했는가?

3-2. 어떻게 그 도전을 할 수 있었는가?

3-3. 그 경험을 통해 내가 얻은 것은 무엇이며, 그건 나에게 어떤 영향을 주었는가?

4. 고등학교

4-1. 어떤 도전을 했는가?

4-2. 어떻게 도전을 할 수 있었는가?

4-3. 그 경험을 통해 내가 얻은 것은 무엇이며, 그건 나에게 어떤 영향을 주었는가?

5. ~현재

5-1. 어떤 도전을 했는가?

5-2. 어떻게 그 도전을 할 수 있었는가?

5-3. 그 경험을 통해 내가 얻은 것은 무엇이며, 그건 나에게 어떤 영향을 주었는가?

1. 도전 의식

도전 의식은 실패나 불확실한 상황에서 위험을 무릅쓰고 우리가 무언가를 시도할 수 있도록 하는 심리적 특성이다. 성공할 확신이 없을지라도 가치 있는 목적을 위해 굳은 의지를 발휘하는 힘이다. 도전 의식을 가진 사람들은 어려움이나 장애가 있어도 계속 시도할 수 있다. 도전 의식은 난관을 극복하고 목표를 성취하려는 노력이며, 새로운 변화를 추구하는 것이다(이주훈, 2011). 원시 시대에 도전은 생존 수단이었지만 현대 사회에서 도전은 자신을 개발해야 하는 미래지향적 개념으로 우리가 설정한 수행 목표에 대해 새로운 수준으로 올라가기 위한 노력의 과정이다.

도전 의식을 함양하기 위한 하위 영역으로 이주훈(2011)은 자아 인식, 목표 설정, 적극성, 성취감, 인내심, 자신감, 책임감, 좌절 극복의 8개를 제안했다. 첫째, 자아 인식은 자기 자신을 되돌아보고 반성하는 것이다. 도전 의식이 무엇인지와 도전 의식을 가져야 하는 이유를 이야기할 수 있고 자기 자신의 도전 정신을 얼마나 가졌는지 알 수 있다. 즉, 사고, 감정, 의지 등의 여러 작용의 주관자로서 여러 작용에 수반하고, 자연이나 타인과 구별되는 개개인의 존재를 인식하는 것을 의미한다.

둘째, 목표 설정은 자신이 지금 이 순간 무엇을 해야 하는지를 알고, 자신의 능력에 알맞은 도전 목표를 설정하는 것이다. 신체적 운동, 심적 활동 등 생활체가 행하는 행동이 지향하는 최종적인 결과로 목표는 형식상, 시간적 및 공간적으로 설정해야 한다.

셋째, 적극성은 목표를 설정하고 실천하려는 자발성을 갖고 어떻게 하면 가능하게 되는가를 찾아내는 것이다. 적극적이라는 것은 사물을 깊이 생각하고 판단하여 실행하려는 적극적인 마음가짐을 갖는 것이다. 또한 적극적인 생활을 하겠다는 굳은 신념으로 마음의 불안감을 해소하고 열등감을 사라지게 하며 어려움을 극복하는 힘을 준다.

넷째, 성취감은 최선의 노력을 통하여 자신의 목표를 달성하고 만족감을 느끼는 것이다. 어떤 일을 이루겠다는 내적 의욕으로 자신의 목표에 도달할 때까지 열심히 노력하고 끈기 있게 한 후 자신이 만족할 만큼 결과가 달성될 때 느끼는 감정이다.

다섯째, 인내심은 어려움을 참고 견디어 체력의 한계를 극복하여 새로운 기록을 수립하는 것이다. 힘든 가운데서 희망을 잃지 않으며, 어떠한 어려움도 극복할 수 있다는 것을 배우는 것이다. 인내심이 있다는 것은 단순히 괴로움이나 노여움 따위를 참고 견디는 것이 아니라 어떠한 어려움이 있을지라도 여전히 소망을 갖는 것이다.

여섯째, 자신감은 목표 달성을 통하여 자신의 능력에 대한 믿음과 사랑하는 마음을 갖는 것이다. 목표를 설정했을 때 그 목표를 이룰 수 있다는 자신의 능력에 대한 믿음을 의미한다.

일곱째, 책임감은 응답하기 위해 열린 마음으로 준비하는 자세이다. 책임감이 있다는 것은 맡아서 해야 할 임무나 의무를 중히 여기고 약속을 지키기 위해 노력하는 마음을 갖는다는 것이다. 책임감은 근본적으로 반드시 행동으로 나타내야 하는 스스로에 대한 욕망이며, 행위적으로 의도적인 자기 통제, 유혹에 저항하기, 노력, 그리고 결단을 통해 표현된다.

마지막으로 좌절 극복은 도전에 성공한 사람들이 실패를 어떻게 극복했는지를 분석하여 좌절을 극복하는 방법을 배우는 것이다. 좌절을 극복한다는 것은 뜻이나 기운 따위가 꺾인 어려운 상태를 이겨 내어 본래의 상태로 되돌아가 다시 목표 달성을 위해 노력하는 것을 의미한다. 이 장에서는 도전 의식과 관련된 심리적 개념으로 용기, 끈기, 활력, 열정 그리고 심리적 안전감을 살펴보고자 한다.

연습2

▶ 나의 도전 의식 분석

도전 의식의 8가지 하위 영역에서 당신의 수준을 평가해 봅시다. 1점은 매우 부족, 2점은 부족, 3점은 보통, 4점 충족, 5점 매우 충족을 의미합니다.

	자아 인식	목표 설정	적극성	성취감	인내심	자신감	책임감	좌절 극복
매우 부족 1								
부족 2								
보통 3								
만족 4								
매우 만족 5								

하위 영역 중에서 내가 가장 만족스러운 하위 영역은 무엇입니까?

반대로 내가 가장 부족한 하위 영역은 무엇입니까?

이를 보완하기 위하여 내가 할 수 있는 것을 세 가지만 생각해 봅시다.

1.

2.

3.

2. 용기

용기는 씩씩하고 굳센 기운, 또는 사물을 겁내지 아니하는 기개를 의미한다(네이버국어사전, 2022.7.18.). 용기는 자신이 옳다고 믿고 있는 것, 혹은 하고 싶은 것을 하기 위해 현실적인 어려움이나 위험에도 불구하고 옳은 행동을 선택하고 실천하는 것이다. 또한 용기는 고통이나 불확실한 상황이나 위기에 대처하는 능력이고 위험한 상황에서 두려움에도 불구하고 자발적으로 행동하는 경향이다. 특히 용기는 전후 사정을 생각하지 않고 무작정 덤벼드는 행동이나 무책임한 행동이 아니라 가치 있는 행동이어야 한다.

권석만(2008)은 용기의 특징을 다음과 같이 설명했다. 첫째, 용기 있는 행동은 자발적인 행동이다. 타인의 명령에 따라 강제된 행동은 용기라고 보기 어렵다. 둘째, 용기는 위험과 손상을 인식한 상태에서 나타내는 태도이다. 위험을 인식하고 공포를 느끼는 상황에서도 흔들림 없이 안정적인 태도를 견지하는 것이다. 셋째, 용기에는 그러한 위험과 손상뿐만 아니라 자기 행동의 결과 역시 감수하겠다는 판단이 포함되어야 한다. 이러한 용기는 위험에 대한 즉각적인 회피 반응을 줄이고 적절한 대처 행동을 하도록 만든다. 용기는 두려움을 모르는 것이 아니라 두려움을 이겨 내는 것이다.

선행 연구에 따르면, 용기는 다양한 긍정적인 삶의 요소와 관련된다. 용기는 친사회적 태도, 내적 통제 소재, 자기효능감, 독립성이나 자유를 소중히 여기는 가치관, 만족 지연 능력, 행위 지향성, 스트레스 상황에서 낮은 각성 수준, 불확실성에 대한 인내력, 위험을 평가하는 능력, 소중한 사회적 목표에 대한 관여도 등과 관련된다(Peterson & Seligman, 2004; 권석만, 2008 재인용). 또한 용기는 위험에 대한 즉각적인 회피 반응을 감소시키며 적절한 행동을 하고 두려움을 이기도록 한다. 따라서 용기는 어려운 목표를 향해 도전하고 추진하는 것뿐만 아니라 실패와 좌절을 견디는 능력도 포함한다.

3. 끈기

끈기는 여러 가지 난관과 좌절에도 불구하고 목적 지향적인 행동을 자발적으로 지속하는 능력을 의미한다(권석만, 2008). 끈기 있는 사람은 시작한 일을 마무리하기 위해 장애물에도 불구하고 계획한 행동을 지속하고 과제를 완수하기 위해 노력한다. 즉, 원하는 결과가 나오지 않는 상황에서도 쉽게 단념하지 않고 끈질기게 견디어 나가는 지구력을 가지고 있으며 어려움을 극복하고 성공이나 성취를 이루게 하는 성격 특성이다. 반대로 끈기가 없는 사람은 의지가 약하고 야망이 없으며 우유부단하다.

끈기는 다양한 긍정적인 측면과 관련된다. 끈기 있는 사람은 성취하기 어려운 목표에도 불구하고 여러 가지 어려움과 좌절에도 불구하고 그 일을 계속하게 된다. 이런 끈기 있는 행동은 최종적으로 목표를 달성하고 원하는 것을 얻게 된다. 즉, 어떤 분야이든 끈기 있게 하다 보면 그 분야의 기술과 역량이 개발되고 이 과정에서 자기효능감 역시 높아지게 된다. 물론 끈기 있게 한다고 모든 일에 성공할 수는 없다. 하지만 우리는 수많은 실패에도 불구하고 끈기 있게 도전함으로써 최종적으로 성공에 이르게 된다. 인디언은 기우제를 지내면 비가 오는 결과에 이르는데 이는 인디언이 비가 올 때까지 기우제를 지내기 때문이다. 이렇게 끈기 있게 하는 것은 최종 결과로 연결된다.

최근 Duckworth(2016)은 성공하는 사람들이 가진 특별한 능력은 열정과 결합된 끈기(Grit)라고 설명했다. 성공하는 사람들은 회복력이 강하고 근면하며 자신이 원하는 바가 무엇인지 매우 깊이 이해하고 있었다. Grit은 어려움과 역경에도 불구하고 장기간 인내와 흥미를 유지하는 특성으로 장기적인 목표를 달성하기 위하여 어려움을 이겨 내고 계속 노력하는 비인지적인(noncognitive) 능력의 심리적 개념이다(윤수정, 2021).

연습3

▶ 그릿 분석

다음 문항을 읽고 자신에 가장 가까운 문항을 선택해 보시오.

	전혀 그렇지 않다 1	그렇지 않다 2	그런 편이다 3	그렇다 4	매우 그렇다 5
1. 나는 새로운 아이디어와 프로젝트 때문에 기존의 것에 소홀해진 적이 있다.	1	2	3	4	5
2. 나는 실패해도 실망하지 않는다. 나는 쉽게 포기하지 않는다.	1	2	3	4	5
3. 나는 한 가지 목표를 세워 놓고 다른 목표를 추가한 적이 종종 있다.	1	2	3	4	5
4. 나는 노력가다.	1	2	3	4	5
5. 나는 몇 개월 이상 걸리는 일에 계속 집중하기 어렵다.	1	2	3	4	5
6. 나는 뭐든 시작한 일은 반드시 끝낸다.	1	2	3	4	5
7. 나의 관심사는 해마다 바뀐다.	1	2	3	4	5
8. 나는 성실하다. 나는 결코 포기하지 않는다.	1	2	3	4	5
9. 나는 어떤 아이디어나 프로젝트에 잠시 사로잡혔다가 얼마 후에 관심을 잃은 적이 있다.	1	2	3	4	5
10. 나는 좌절을 딛고 중요한 도전에 성한 적이 있다.	1	2	3	4	5

점수 계산

- 열정: 홀수 항목의 점수를 합산한 뒤 5로 나눈 값
- 끈기: 짝수 항목의 점수를 합산한 뒤 5로 나눈 값
- 그릿: 모든 항목의 점수를 합산한 뒤 10으로 나눈 값

출처: Duckworth(2016) 86쪽.

4. 열정

열정은 어떠한 일에 대해 갖는 우리의 뜨거운 마음으로 열정이 있다는 것은 어떤 일에 애정을 가지고 열중하고 그 일에 가치와 의미를 두며 동시에 자신의 시간과 에너지를 투입하여 열심히 하는 것이다. 열정은 사전적으로는 어떤 일에 열렬한 애정을 가지고 열중하는 마음이고(네이버국어사전, 2022.7.18.) 심리학적으로는 활동을 매우 좋아하고, 중요하게 생각하며, 시간과 에너지를 투자한다는 세 가지 요소를 전제로 하는 개념이다(홍민성, 2021).

유사한 심리적 개념으로는 활력이 있는데 활력이란 활기차고 적극적으로 살아가는 동시에 생동감과 행동력을 지니고 삶과 일을 대하는 태도를 의미한다(권석만, 2008). 활력이 있는 사람은 삶의 다양한 과업에 대해 활기차고 적극적으로 행동하는 태도를 지니며 호기심, 적극적이고 에너지 넘치는 쾌활함과 관련된다.

Vallerand 등(2003)은 열정을 가진 사람이 행복한 삶을 살 수도 있고 불행한 삶을 살 수도 있는데 주도적으로 발달되는 열정이 무엇인가에 따라 삶이 달라진다고 설명했다(홍민성, 2021 재인용). 이들은 열정을 '조화 열정'과 '강박 열정'으로 나누어 설명했는데 조화 열정은 구성원이 자발적 의지로 업무를 수행하도록 유도하는 동기 유발력으로, 강박 열정은 성취를 위하여 구성원들을 밀어붙이는 동기 유발력으로 정의했다. 두 열정은 개인의 열정적 행동이 어떻게 해서 개인의 핵심 자아 또는 정체성으로 내재화되는지의 관점에서 설명된다. 강박 열정은 어떠한 행위를 접하기 위한 내적 압력을 생성하는데 개인의 정체성에 내재되어 있는 통제된 내재화에 관한 열정이며, 조화 열정은 자신이 좋아하는 행위에 참여하는 데 자발적인 내재화와 관련이 된 열정이다(김성철, 김나정, 2019).

즉, 조화 열정은 다른 목적을 이루기 위한 수단이 아니라 행위 그 자체가 목적일 때 나타나는 열정이고 강박 열정은 '잘 해야 한다'거나 '인정을 받아야 한다'는 등의 강박으로 집착할 때 나타나는 열정이다. 조화 열정은 어떤 일을 하는 것이 즐거워서 몰입할 때, 어떠한 의도나 목적 없이 자율적으로 선택하여 무언가를 할 때, 보상을 기대하거나 부정적 영향을 회피하기 위해서가 아니라 진심으로 즐거워서 무언가를 할 때 나타난다. 이와 달리 강박 열정은 처음 시작할 때는 즐거울 수 있지만 이후에는 외부 평가나 결과 때문에 하게 만든다.

구체적으로 부모가 자녀를 양육하는 과정에서 아이의 활동에 대해 아이의 자율성을 지지하고 아이의 기본 심리 욕구를 자율적인 방식으로 충족시켜 주면 아이는 조화 열정을 발달시킬 수 있다. 반면에, 아이가 하는 행동 일부에 대해서만 부모가 지지하고 아이의 기본 심리 욕구를 위협하는 통제된 방식으로 자녀를 대하면 아동은 강박 열정을 발달시키게 된다(Mageau et al., 2009; 홍민성, 2021 재인용). 따라서 조화 열정이든 강박 열정이든 열정을 가지고 행동하면 우리는 기본 심리 욕구를 채울 수 있지만, 강박 열정을 가진 아이의 기본 심리 욕구의 만족도는 조화 열정을 가진 아이의 기본 심리 욕구의 만족도보다 낮아진다.

예를 들어 책을 읽는 것이 즐거워서 책을 읽는 아동은 책 읽기에서 조화 열정을 느낄 것이다. 하지만 이 과정에서 아버지가 아동의 책 읽기를 칭찬하고 보상을 준다면 아동은 처음으로 책 읽기 자체의 즐거움과 함께 보상이나 칭찬의 즐거움도 경험할 것이다. 그리고 다음 책을 읽을 때 칭찬받고 보상을 받고자 하는 마음이 더 중요해지면 이제 책 읽기에서 아동은 강박 열정을 느끼게 될 것이다.

열정은 최적의 기능 상태를 반영하는 지표이고 행복과 밀접한 관련을 맺고 있다(권석만, 2008). 열정은 신체적 증상, 육체적 질병이나 장애, 면역력 저하, 우울, 불안 등과 부적 상관을 가지고 신체적 건강과 심리적 건강과 밀접한 관련을 맺고 있다.

연습4

▶ 열정 돌아보기

최근 3개월간 당신이 했던 일을 돌아봅시다.

1. 최근 3개월간 당신이 열정적으로 했던 일은 무엇입니까?

1) ______

2) ______

3) ______

4) ______

5) ______

6)

7)

8)

9)

10)

2. 위의 일들을 조화 열정인지 강박 열정인지 구분해 봅시다. 당신은 조화 열정과 강박 열정 중 어느 쪽을 더 많이 느낍니까?

3. 당신이 열정을 느끼게 되는 일에 공통점이 있다면 무엇입니까? 심리적 상황적으로 구체적인 특성을 찾아봅시다.

1)

2)

3)

4)

5)

4. 이러한 열정을 유지하기 위해서 당신에게 필요한 것은 무엇입니까?

1)

2)

3)

4)

5)

5. 심리적 안전감

발달 단계상 처음으로 자율적으로 이동이 가능한 만 12개월 즈음이 되면 아동은 처음으로 스스로의 힘으로 세상을 탐험하게 된다. 아동은 어떻게 이렇게 세상을 향해 새로운 도전을 할 수 있을까?

이 시기의 아동을 관찰한 Bowlby(1969/1982)는 아동이 세상을 탐험할 수 있는 힘은 주양육자와의 애착을 통한 안전 기지임을 밝혔다. 아동이 주양육자와 감정적 유대인 애착을 형성하게 되면, 주양육자는 아동에게 안전 기지 역할을 하게 된다. 즉, 기어 다니거나 걸어 다니기 시작하는 아동은 주양육자를 안전기지 삼아 스스로 기어가서 세상을 탐험하고 불안하고 걱정이 되면 주양육자에게로 돌아오는 과정을 반복한다. 그 시기의 주양육자의 반응은 아동이 세상을 무섭고, 위험한 것으로 지각하게 할 수도 있고 새롭게 탐험하고 싶은 흥미로운 곳으로 지각하게 할 수도 있다.

이와 관련된 실험으로 시각 벼랑(visual cliff) 실험이 있다(Sorce, Emde, Campos, Klinnert, 1985). 이 실험에서 실험자는 테이블에 깔린 유리 위에 아동을 올려두고, 반대쪽에서 주양육자가 아동을 부른다. 그 순간 아동은 이 절벽을 건널지 말지 결정을 해야 하는데 이때 아동은 엄마의 반응을 살핀다. 엄마의 표정이 좋지 않으면 아이는 엄마를 향해 기어가지 않지만, 엄마가 편안한 표정으로 아동을 부르면 아동은 위험한 시각 벼랑을 기어서 건너간다. 즉, 위험과 두려움을 주양육자와의 유대감으로 극복하는 것이다. 이 실험은 우리가 도전을 시작할 때 자신에게 중요한 대상이 주는 안전감이 중요하다는 것을 보여준다.

당신은 처음으로 두발자전거를 탔던 순간을 기억하는가? 혼자 타면 자전거가 제대로 굴러갈 것 같지 않고 자전거가 넘어질 것 같다고 생각될 때 우리는 어떻게 하는가? 우리는 우리를 지켜봐 주는 주양육자를 돌아볼 것이다. 그리고 주양육자의 격려와 지지에 힘을 내어 페달을 밟을 것이다. 새 학년이 되어 교실 문을 열고 들어가야 할 때, 무언가 새로운 것을 시작해야 할 때 우리는 당연히 불안감을 경험한다. 이때 우리는 주양육자를 찾아서 안전감을 회복하고 이를 안전 기지로 삼았다. 따라서 우리가 도전 의식을 가지기 위해서는 용기, 끈기, 열정과 함께 안전감 또한 중요한 역할을 할 것이다.

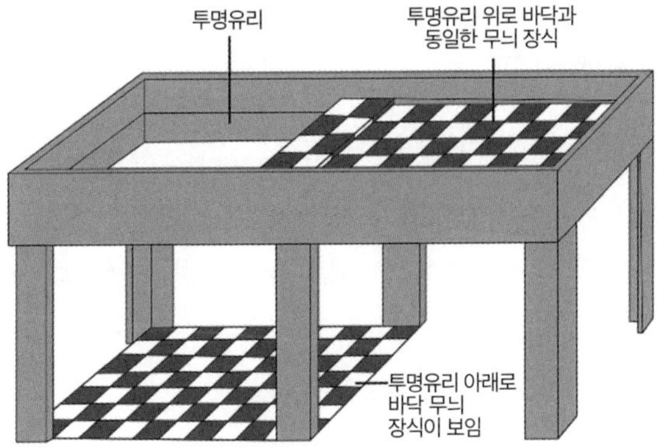

<그림 2> 벼랑 실험의 조건

심리적 안전감은 새로운 일에 도전할 때뿐만 아니라 팀 내에서 다른 구성원과의 관계에서도 영향을 미친다. 가령 내가 의견을 제시하더라도 다른 구성원이 나를 거부하거나 싫어하지 않을 것이라는 안전함에 대한 믿음(Kahn, 1990)이 있다면 우리는 자기 생각을 자유롭게 표현하고 편하게 다른 사람과 생각을 나눌 수 있을 것이다. 이런 심리적 안전감은 개인뿐만 아니라 팀이 도전적으로 움직일 수 있는 기본이 될 것이다.

지금까지 함께 공부해 온 창의성, 리더십, 도전 의식과 관련하여 우리에게 창의성을 발휘하고, 팀원이나 다른 사람들을 이끌거나, 소통하고, 새로운 것들에 대해 도전할 수 있게끔 하는 안전감을 나에게 주는 것 등에 대해서 알아보자.

연습5

▶ 심리적 안정감 경험 탐색하기

1-1. 나에게 심리적 안전감을 주는 대상은 무엇인가?

1-2. 나에게 심리적 안전감을 주는 대상은 나에게 어떻게 행동하거나 말을 하는가?

2-1. 나에게 심리적 안전감을 주는 활동은 무엇이 있는가?

2-2. 나에게 심리적 안전감을 주는 활동은 나에게 어떤 행동이나 생각을 하게 만드는가?

3-1. 나에게 심리적 안전감을 주는 장소는 무엇이 있는가?

3-2. 나에게 심리적 안전감을 주는 장소는 나에게 어떤 행동이나 생각을 하게 만드는가?

연습6

▶ 어린 시절의 소원이 무엇인지 회고하기

어렸을 때 각자가 되고 싶거나, 바라거나 했던 것이 있을 것이다. 어린 시절에 중요했던 것들과 현재에 중요했던 것들을 비교해 보면서 나에게 중요한 것들이 뭔지 선명해지는 작업을 같이 해 보자.

1. 각자의 어린 시절에 무엇을 바라고 원했는지 여러 가지를 적어 봅시다.

1-1.

1-2.

1-3.

1-4.

1-5.

2. 그 소원이 그때는 왜 그렇게 중요했고, 바라고 원했는지 각자에 대한 이유를 적어 봅시다.

2-1. 이유:

2-2. 이유:

2-3. 이유:

2-4. 이유:

2-5. 이유:

3. 현재에도 중요하고 중요하다면 그 이유는 뭔지 그리고 바뀌었다면 그 이유가 무엇인지를 적어 봅시다.

3-1. 여전히 중요하다면 그 이유:

3-2. 바뀌었다면 그 이유:

4. 현재 나에게 바라거나 원하는 게 있다면 무엇인지 그리고 그 이유를 적어 봅시다.

4-1.

이유:

4-2.

이유:

4-3.

이유:

4-4.

이유:

4-5.

이유:

5. 어린시절과 현재를 비교해서 이 과제를 하면서 느낀 점에 대해서 적어 봅시다.

6. 현재, 어린 시절에 중요한 것을 이루기 위해서 할 수 있는 것들은 무엇이 있는지 적어 봅시다.

6-1. 하루:

6-2. 일주일:

6-3. 한 달:

6-4. 6개월:

6-5. 1년:

6-6. 5년:

참고문헌

- Bowlby, J. (2009), 김창대 옮김,『애착 인간행동에 대한 과학적 탐구[Attachment and loss: Vol1. Attachment. (2ndEd)]』, 파주: 나남출판사(원전은 1969/1982년 출판).
- Duckworth, A. (2016), 김미정 옮김,『그릿: IQ, 재능, 환경을 뛰어넘는 열정적 끈기의 힘』, 서울: 비즈니스북스.
- Friedman, S. D. (2022),『와튼스쿨 리더십 특강』, 서울: 교보문고.
- Guilford, J. P. (1967). *The nature of human intelligence*.
- Kahn, William A. (1990), Psychological Conditions of Personal Engagement and Disengagement at Work. *Academy of Management Journal*, 33 (4): 692–724.
- Maslow, A. H. (1971). *The farther reaches of human nature* (Vol. 19711), New York: Viking Press.
- Rogers, C. R. (1961). The process equation of psychotherapy, *American journal of psychotherapy*, 15(1), 27-45.
- Sorce, J. F., Emde, R. N., Campos, J. J., & Klinnert, M. D.(1985), Maternal emotional signaling: Its effect on the visual cliff behavior of 1-year-olds, *Developmental Psychology*, 21(1), 195–200.
- 권석만(2008),『긍정심리학』, 서울: 학지사.
- 김성철, 김나정(2019),「강박열정과 조화열정이 일에 미치는 영향: 상이한 매개과정을 중심으로」,『한국인사조직학회 2019년 춘계학술연구발표회 발표논문집』1-38.
- 문정화 & 하종덕(2005),『또 하나의 교육』, 창의성, 서울: 학지사.
- 박경현(2013),「중고등학교 교사의 창의성에 대한 인식조사」연세대학교 석사학위논문.
- 박보식(2017),『리더십 3판』, 서울: 대영문화사.
- 박준(2022),『리더십이 직무만족, 조직몰입에 미치는 영향-진성리더십을 중심으로-』, 디지털융복합연구, 20(2), 155~161.
- 윤수정(2021),「그릿의 영역 일반성과 영역 특수성에 대한 탐색적 연구」, 서울교육대학교 석사학위논문.
- 이상명(2017).「교장의 서번트 리더십과 교사의 조직몰입의 관계에서 학교조직문화의 매개효과」, 경북대학교 교육대학원 석사학위논문.
- 이주훈(2011),「체육수업에서 도전의식 프로그램을 통한 정의적 영역 발달 사례 연구」, 한양대학교 박사학위논문.
- 정은이(2002).「일상적 창의성과 개별성-관계성 및 심리·사회적 적응의 관계」, 고려대학교 박사학위논문.
- 홍민성(2017),「한국판 열정 척도의 타당화 연구」, 연세대학교 석사학위논문.
- 네이버국어사전(검색일 2022. 7. 18.) https://ko.dict.naver.com/#/entry/koko/15fa2468e9124b19a244f52b2224116e
- 네이버국어사전(검색일 2022. 7. 18.). https://ko.dict.naver.com/#/entry/koko/9df89f0473d94d46bb7ac3f883eedfa6
- 네이버국어사전(검색일 2022. 7. 18.) https://ko.dict.naver.com/#/entry/koko/9dac44b2042f47e9b21af85e832014fc
- 네이버 세계의 명시(검색일 2022. 7. 8.) https://terms.naver.com/print.naver?docId=3573538&cid=58815&categoryId=588151

IV.

어울림활동을 통한 인성교육

김권수 경상국립대학교 교육혁신처

제1장 협력과 자기조절

1. 협력하는 인간의 의미

◆ 생각해 보기

인간에게 협력은 어떤 의미가 있으며 그런 증거들을 어디서 확인할 수 있나요?

협력은 다른 개인과 함께 공동의 목표를 달성하기 위해서 수행하는 일련의 행동과 노력, 목표 달성을 촉진하기 위해 함께 조정된 방법을 사용하는 공동 작업 전략의 결과를 말한다. 인간에게 협력은 공동의 목표를 효과적으로 달성하는 것 이상의 의미가 있다. 열악한 생물학적 한계를 극복하고 생물계에서 가장 창조적인 힘을 빌휘하면서 사회를 구성한 것은 바로 협력의 결과다. 사회적 동물로서 인간의 진화와 발달은 모두 협력에 기반하고 있다. 언어를 사용하고 정교한 뇌를 가질 수 있었던 것도 모두 협력이 생존과 문명의 발달에 절대적이었기 때문이다. 인간의 이기심과 경쟁, 갈등 속에서도 현재의 발달한 문명을 만들고 유지할 수 있는 것도 인간이 서로 돕는 존재이며 협력하지 않고는 생존을 보장할 수 없다는 점을 증명하고 있다고 볼 수 있다.

◈ 읽을 거리

침팬지와 인간이 줄다리기를 하면 누가 이길까?

보통 침팬지의 악력은 129kg, 인간의 악력은 31kg이다. 침팬지와 인간이 줄다리기를 한다면 당연히 침팬지가 이길 것이다. 자연 상태에서 인간의 능력은 지극히 열세다. 인간의 종은 침팬지, 코끼리, 심지어 돼지와 일대일로 비교해도 절대 우월하지 않다. 그럼에도 인간이 먹이사슬의 꼭대기에 설 수 있었던 것은 우수한 두뇌를 활용해서 도구를 만들고 사회성을 갖추고 협력할 수 있었기 때문이다. 무리 생활을 하면서 본능적으로 협력하는 동물과 달리 인간은 우수한 두뇌를 가지고 차원 높은 협력이 가능했기 때문이다. 상황을 분석하고 전략을 만들고 서로 언어로 소통하면서 상황을 유리하게 지배할 수 있는 전략적 협력을 추구한다. 이러한 특별한 협력 능력은 인간의 생존과 성장, 발달에 사회적 본능으로 길러져 왔다.

2. 협력과 인간의 발달

인간의 뇌는 영장류를 포함해 돌고래, 코끼리 등 여타 동물에 비해 뇌 크기가 현저하게 크다. 특히 생각하는 '이성의 뇌'라고 하는 대뇌가 발달되어 있다. 게다가 인간의 뇌는 체중의 2%밖에 되지 않지만 온몸에서 사용하는 포도당의 25%, 산소의 20%, 심박출량의 15%를 사용할 정도로 에너지 소모량이 많다. 에너지 소모량으로 보면 상당히 비효율적인 뇌가 발달한 이유는 무엇일까? 그리고 감각과 감정을 관장하는 뇌보다 생각과 판단, 조절과 관련한 '이성의 뇌'가 발달한 이유는 무엇일까?

가. 사회지능설

인간의 뇌가 발달하게 된 이유를 설명하는 데 가장 설득력을 얻는 가설은 '사회지능설(social intelligence hypothesis)'이다. 집단이 커지고 복잡해지면서 상호 작용이 늘어나고 지능이 발달했다는 것이다. 협력으로 인한 지능의 진화(Cooperation and the evolution of intelligence)라는 연구에 의하면 인간의 사회생활이 지능을 발달시킨 것인데 개체들끼리 대립 대신 '협력'을 시작하면서 뇌의 용량이 증가하기 시작했다고 한다. 대립에서 무조건 싸워서 이겨야 할 때보다 생존을 위해 서로 협력을 고민할 때 신경망의 규모가 커지고 지능이 발달한 것이다. 뇌가 커지고 지능이 높아질수록 에너지 효율성은 떨어지지만 대립을 피해 협력할수록 생존에 유리하게 발달했다고 한다. 오늘날 인간의 능력과 문명의 발달은 결국 협력하는 인간의 조건이 만들어 온 결과라고 볼 수 있다.

나. 조절의 뇌

협력을 중심으로 한 인간의 사회성은 생존과 문명 발달의 전제 조건이다. 인간의 뇌는 크게 3가지 구조로 이루어져 있는데 신체 감각과 생명 유지를 위한 '파충류의 뇌', 감정을 담당하는 '포유류의 뇌', 이성적 판단과 조절을 담당하는 '이성의 뇌'로 구분된다. 특히 인간의 뇌는 다른 동물에 비해 대뇌 피질의 이성의 뇌가 발달한 것이 특징이다. 특히 이성의 뇌에서 가장 앞쪽에 위치한 뇌를 '전전두엽'이라고 하는데 고차원적인 인지 조절, 감정과 충동의 조절, 가치 판단과 의사 결정, 공감과 사회적 정서 반응 등 사회성을 위한 모든 기능이 이 부분에서 이루어진다. 협력과 소통을 전제로 한 인간의 사회성은 이런 전전두엽의 발달 없이는 불가능하다. 언어를 사용하고 상대의 반응을 살피는 인지 능력, 상호 작용을 위해서 관점을 전환하며 공감하는 능력, 본능보다 상황과 맥락에 맞게 조절된 판단과 행동 등은 모두 전전두엽이 발달했기 때문에 가능한 일이다. 그래서 이를 '조절의 뇌'라고 말하기도 한다. 인간은 생존과 번영을 위해서, 서로 협력하기 위해서, 소통하기 위해서 조절하는 뇌의 발달이 필요했다. 인간을 이성적 인간, 윤리적 인간, 인성적 인간과 같이 표현하는 것은 협력을 위한 사회성을 설명하는 것이고 인간이 가진 조절 능력의 중요성을 강조한다고 볼 수 있다.

다. 흰자위 공막의 발달

인간은 다른 동물이나 영장류와 구별되는 독특한 눈을 가지고 있다. 바로 흰자위가 발달했다는 것이다. 인간은 공막이 흰색인 유일한 종이다. 오랑우탄, 침팬지 그리고 개, 고양이 등은 동공과 공막의 구별이 흐릿해 눈 전체가 거의 같은 색으로 보인다. 이런 이유는 바로 사냥 때문이다. 눈 전체가 외부에서 볼 때 어디를 바라보는지 알아차리기 힘들어 대응하기도 쉽지 않다. 동물들은 약육강식의 세계를 살아가므로 흰자위가 있으면 생존에 불리했던 것이다. 그렇다면 인간의 공막은 왜 흰색일까? 이것도 역시 사냥 때문인데 다른 영장류와 달리 인간은 사냥을 할 때 서로 협력하는 전략을 선택했기 때문이다. 공막이 흰색이기 때문에 타인의 시선을 쉽게 읽을 수 있고 어느 사냥감을 노리고 있고, 감정에 따라 변하는 눈동자를 통해 상대의 마음을 읽을 수 있었다. 사람의 머리와 눈 등이 여러 방향으로 향하게 하는 다양한 행동을 취하게 했을 때 유인원은 눈의 방향보다는 머리 방향에 주의를 기울였다. 반면에 인간의 유아들에게 똑같은 실험을 했을 때 눈의 방향에 주의를 기울였다. 또 생후 7개월만 되어도 성인의 눈동자를 통해 감정을 간파할 수 있다고 한다. 진화 과정에서 인류가 흰자위를 선택한 것은 경쟁보다 협력이 인간 사회를 발전시키는 데 훨씬 유리했기 때문이다.

3. 현대 사회에서 인간의 협력

현대 사회에서 인간의 협력은 어떤 중요성을 가지고 있을까? 무한 경쟁의 빠른 변화로 대표되는 현대 사회에서 인간의 협력의 중요성은 어떻게 평가될까? 컴퓨터와 인공지능(AI), 첨단 기계가 인간의 능력을 대신하고 확장하고 있다. 사회관계망(SNS)와 사물들끼리 서로 통신하는 사물인터넷(IoT)을 통한 초연결 사회가 되면서 상호 작용의 범위가 무한정 확장된 시대다. 이러한 변화를 통해 혁신과 창조가 일상이 되고, 예측이 불가능하고, 해결해야 하는 문제의 복잡도가 높은 시대에 인간은 적응하며 발전해 나가고 있다. 표면적으로 보면 협력의 필요성은 점점 낮아지고 있다고 착각할 수 있다. 하지만 이런 변화는 협력의 차원을 변화시킨다. 단순한 힘의 협력과 지식의 협력이 아니라 새로운 창조성을 만들어 내는 차원이 다른 협력을 요구한다. 기존의 개념을 뛰어넘는 창의성을 발휘하기 위해서는 유능한 소수의 개인 역량에 의존하기보다는 서로 다른 영역과 차원에서 다른 창의적 협력이 더 절실하게 요구된다. 협력을 통한 창의성을 극대화해야만 살아갈 수 있는 시대가 된 것이다. 다양성이 증대되고 해결해야 하는 문제의 복잡도가 높으며, 지식의 전문화로 인해 한 개인의 능력을 뛰어넘어야 하는 사회적 배경은 여러 분야의 전문가들이 협력해서 작업을 수행할 수밖에 없는 현실이다. 단순히 일을 나누는 수준의 협력이 아니라 개인의 각기 다른 자원과 잠재력을 발휘해서 새로운 생각과 해결책을 협업을 통해 만들어 내야 하는 것이다.

◈ 읽을 거리

협력으로 만들어 내는 창조성

남아프리카 짐바브웨이 수도 하라레에는 세계 최초의 자연 냉방 건물인 '이스트게이트(Eastgate)라는 쇼핑센터가 있다. 이 건물은 아무런 냉방 설비 없이도 38도 넘는 한여름의 대낮에도 실내 온도를 24도 안팎으로 유지할 수 있다. 이 창의적인 건물은 건축가와 생물학자의 협력으로 만들어질 수 있었다. 아프리카 초원의 세워진 흰개미 집은 큰 것이 높이 6m에 달한다. 흰개미 집이 이렇게 높은 탑처럼 만들어진 것은 더운 날씨를 피해 안전하게 생존하기 위한 것이다. 높이 솟아 있기 때문에 대류 현상으로 더워진 내부 공기가 외부로 빠져나가고 차가운 공기가 아래의 작으로 구멍으로 들어오도록 함으로써 내부 온도를 안전하게 유지할 수 있도록 되어 있다. 내부의 촘촘한 구멍들이 외부와의 공기 순환을 돕도록 설계되어 있다. 생물학자의 지식이 건축가와 협력함으로써 전혀 차원이 다른 건축을 만들어 낼 수 있었다. 전혀 다른 영역 간의 융합과 연결이 창의적으로 전개되어야 하는 현대 사회에서는 인간 협력과 소통의 능력이 더욱 필요한 사회가 된다. 개인의 능력이 중요한 것이 아니라 협력하는 능력이 개인과 공통체의 행복과 미래를 좌우는 시대가 된다. 그리고 사회는 이런 협력의 능력을 요구한다.

◆ 생각할 거리

협력을 위해서 우리에게 요구되는 능력과 문화에는 어떤 것들이 있나요?

◆ 생각할 거리

위에서 나열한 능력과 문화 중에서 가장 바탕이 되는 요소는 무엇일까요?

4. 협력과 자기조절 능력

사회적 동물이라는 인간은 협력을 위해, 협력을 통해 진화하고 발전해 왔다. 그렇다면 협력을 위해 우리에게 필요한 것은 무엇일까? 협력은 개인이 다른 개인들과 함께 공동의 목표를 달성하기 위한 행동, 노력, 조절된 방법을 사용하는 공동 전략이라고 했다. 서로 다른 개인이 공동체의 목표를 인식하고 협력하기 위해서는 개인의 조절된 행동이 필요하다. 사회성을 위한 공감, 배려, 존중과 같은 인성적 덕목도 개인의 조절된 행동 능력을 요구한다. 협력이 어려운 이유도 개인의 욕구와 충동, 이기심, 차이점을 극복하고 상호 작용하면서 공동의 목표를 위해 조절해야 하기 때문이다. 그런데 이런 조절 능력은 바람직한 태도를 가진다고 가능한 일은 아니다. 조절 행동을 가능하게 하는 것은 인간의 뇌 발달이 전제되어야 하기 때문이다. 올바른 인식을 위한 주의 조절, 감정과 충동의 조절, 도덕적 가치판단과 행동의 조절, 목표의 인식과 실행, 타인의 의도를 인식하고 공감하는 능력은 모두 인간 뇌의 앞쪽에 있는 전전두엽이 발달되어야 가능하다. 유아·청소년들의 조절 행동이 어려운 것은 이 전전두엽이 아직 발달하지 않았기 때문이다. 인간이 다른 동물들과 큰 차이점은 바로 이 대뇌 피질 특히 전전두엽이 발달한 것이고, 인간의 진화와 발전의 과정에서 사회성과 협력을 위해 발달한 것이 전전두엽이라고 할 수 있다. 인간다운 행동을 위한 인성도 이 전전두엽의 발달과 연결되어 있다.

인간의 인지, 행동 등에 직접으로 영향을 미치고 있는 인간의 뇌는 가소성(neuroplasticity)의 속성을 가지고 있다. 즉 활용하면 할수록 뇌 신경이 발달하고 사용하지 않으면 비활성화되는 특성을 가지고 있다. 뇌의 반복된 사용과 훈련은 뇌의 발달을 가져온다는 것이다. 협력을 위한 자기조절 능력과 인성을 위한 조절 능력은 그러한 행동과 상호 작용을 늘려 갈수록 해당 뇌가 활성화되고 발달할 수 있다는 것이다. 이 발달한 뇌의 활성화에 의해 우리의 인지와 행동이 달라질 수 있다. 즉 공동의 목표를 인식하고 자신의 욕구와 감정, 이기심을 극복하고 타인을 공감하는 등의 협력 행동이 쉽고 순조롭게 일어날 수 있게 된다. 개인의 조절 능력을 지원하는 뇌의 발달은 공통의 목표와 협력을 달성하는 일 외에 개인의 행복을 위해서도 중요하게 작용한다. 개인의 목표 달성을 위해 현재의 욕구를 조절하고 자신을 힘들게 하는 감정과 충동의 위협을 덜 느끼며 타인과의 관계에서 갈등을 조절하는 일 등을 훨씬 순조롭게 만든다.

5. 자기조절 능력

가. 자기조절과 감성지능

자기조절 능력은 자신의 생각, 감정, 행동을 조절하는 능력을 말한다. 특정 목적을 달성하기 위해 행동을 조절하는 데 필요한 인지 능력을 포함하는 개념이다. 예를 들어 주변의 문제를 객관적으로 관찰하고 표현하며 행동하는 능력, 충동과 불안 스트레스 상황에서 동요하지 않고 대응할 수 있는 능력, 더 큰 목표나 만족을 위해서 자신을 통제할 수 있는 능력을 말한다. 자기조절 능력은 EQ로 불리는 감성지능(Emotional Intelligence)의 핵심 요소로 거론된다. 감성지능의 선구자인 다니엘 골먼(Daniel Goleman)은 감성지능을 '자신의 감정 상태에 대한 인식과 조절을 통해 자신을 동기 부여하고, 타인의 감정에 대한 공감을 바탕으로 상대방과 인간관계를 맺고 관리하는 능력'이라고 정의했다. 구체적으로 ① 자기인식 능력, ② 자기조절 능력, ③ 자기동기부여 능력, ④ 공감 능력, ⑤ 사회적 기술을 포함하는데 개인의 능력과 학습 능력, 창의성을 예측하고 미래 인재에게 필수적으로 요구되는 역량이라고 강조한다. 자기조절 능력은 사회적 기술과 협동을 가능하도록 하고 자기인식 능력을 바탕으로 한다.

나. 자기조절 능력의 바탕, 주의력

자기조절 능력의 바탕은 자신의 주의(attention)를 조절하는 능력에 달려 있다. 주의는 사람이 경험하고 인식하면서 기억하는 기초가 되기 때문이다. 사람들이 무엇을 지각하고 인식한다는 것은 주의가 그 자극을 선택하고 집중했을 때 가능하다. 주의가 가지 않은 것은 인식하기 힘들다. 어떤 상황에 함께 있으면서도 인식하고 기억하지 못하는 것은 주의가 가지 않았기 때문이다. 사람들은 한 공간에서 많은 것을 보고 들어도 주의가

자기조절 능력은 자기인식 능력을 바탕으로 사회적 기술과 연결된다.

자기인식 능력	사회적 기술
자신의 감정, 욕구, 생각, 가치, 신념, 동기를 인식하는 능력 자신의 생각, 감정, 행동이 주변에 어떤 영향을 미치는지 인식하는 능력	관계를 맺고 이를 유지, 관리하는 능력 · 타인의 감정과 관심을 알아차리는 사회적 분석력 · 타인의 성격, 가치관, 태도, 신념을 알고 연결하는 인지력 · 사람들과 소통을 원활하게 하는 의사소통 기술 · 자발성과 협동을 촉진하는 영향력 행사의 리더십

완전히 선택한 정보만 인식하고 받아들인다. 수많은 자극 정보에서 주의가 성립된 정보만 지각하는 것을 선택적 지각(selective perception)이라고 하는데 뇌가 모든 정보를 처리할 수 없기 때문이다. 예를 들어 '고릴라 영상'이라는 실험이 있다. 흰옷을 입은 3명의 여성과 검은 옷을 입은 3명의 여성이 공을 패스하는 영상에서 흰옷을 입은 여성이 공을 몇 번 패스하는지 세어 보라고 한다. 경기가 진행되는 동안 배경의 커튼 색깔이 바뀌고 중간에 고릴라 옷을 입은 사람이 지나가고, 검은 옷을 입은 여성이 빠져나가도 많은 사람들은 이런 변화를 전혀 인식하지 못한다. 공을 패스하는 것에 주의를 집중했기 때문이다. 주의에 따라서, 주의를 조절하는 능력에 따라서 인식하고 상호 작용하는 것이 전혀 다를 수 있다는 것이다. 다른 사람들의 말과 행동, 감정을 읽고 상호 작용하면서 협력하는 과정은 개인의 주의력에 따라 달라질 수 있다.

다. 자기조절 능력과 인간의 인식과 행동

주의를 조절할 수 있느냐 없느냐에 따라 인식과 행동이 달라진다. 그런데 이런 주의를 조절하는 능력은 사람들마다 다르다. 주의를 조절하는 행동을 반복적으로 했을 때 주의를 조절하는 뇌가 활성화되고 발달한다. 주의를 조절하는 뇌가 잘 발달한 사람은 그렇지 않은 사람들보다 자신의 감정, 생각, 행동을 인식하고 조절하는 것이 잘 된다. 우리가 주의를 조절하는 능력을 키워야 하는 이유는 주의가 '반자동'이기 때문이다. 주의는 주변의 강한 자극에 자동적으로 반응하기도 하지만 의도를 가지고 조절도 가능하기 때문이다. 조절되지 않으면 강하게 주의를 끄는 소리, 맛, 감각 등에 반응하는 주의 시스템을 가지게 된다. 수업이나 다른 사람의 말, 표정 등에 주의를 집중하다가도 주변의 더 큰 자극으로 쉽게 이탈하게 된다. 주의는 관리되지 않으면 반응적이고 습관적으로 변하며 조절 능력이 떨어진다. 특히 요즘같이 SNS나 미디어에서 발생하는 많은 정보와 빠른 영상, 강한 빛은 쉽게 우리의 주의를 빼앗아 주의를 반응적으로 만든다. 주의를 조절할 기회가 줄고 반응적으로 주의를 사용하는 습관 때문에 주의력 위기의 시대라고 말하기도 한다. 미국 워싱턴대학 정보대학원의 데이비드 레바이(David Levy) 교수는 스마트 기기의 빠르고 강한 자극에 익숙해져 느리고 약한 자극이나 눈에 보이지 않는 타인의 감정에 대해서는 무감각한 뇌를 일컬어 팝콘 브레인(popcorn brain)이라고 했다. 강한 자극에 팝콘이 튀듯이 반응하는 뇌의 문제점을 지적한 것이다. 주의를 활용하는 습관은 우리의 뇌도 변화시키는데 기계가 제공하는 빠르고 강한 게임이나 시청각 자극에 너무 익숙한 뇌는 주의를 조절하는 전두엽의 기능 저하로 나타난다. 스마트폰에 중독된 학생들은 전두엽을 쓰지 않고 시각 자극에만 반응하기 때문에 주의를 조절하는 전두엽의 활성도가 떨어진다. 조절력이 떨어지고 자극에 반응하기 쉬운 뇌로 변한다는 의미다.

라. 욕구와 충동의 조절

주의를 조절하는 능력은 자신의 감정과 생각, 행동을 조절하는 능력을 만들어 낸다. 협력할 공동의 목표를 인식하고 목표 달성을 위해서 다른 사람과 상호 작용하기 위해서 자신의 감정과 행동을 조절하는 능력을 만들어 낸다. 이런 예는 유명한 '마시멜로 실험'에서도 찾아볼 수 있다. 선생님은 책상 앞에 마시멜로를 두고 아이에게 선생님이 돌아올 때까지 마시멜로를 먹지 않고 기다리면 마시멜로를 2개 준다고 말한다. 어린아이들이 눈앞에 있는 달달한 마시멜로의 유혹을 이겨 내기는 쉽지 않다. 미래의 더 나은 결과를 위해 현재의 욕구와 충동을 더 잘 조절할 수 있었던 아이들은 미래에 경제적, 건강, 사회생활 면에서 더 나은 결과를 누리고 있었다. 그런데 눈앞에 마시멜로의 충동을 이겨 낸 아이들은 어떻게 조절한 것일까? 아이들은 마시멜로에서 주의를 다른 곳으로 돌리거나, 다른 생각을 하거나, 마시멜로를 먹기 싫은 다른 것으로 생각하거나, 잘 기다렸을 때의 더 큰 보상에 주의를 집중했다는 것이다. 어린 나이에 주의를 조절하는 능력을 갖췄다. 주의 조절은 자연스럽게 충동과 행동을 조절하는 능력으로 나타났다. 후속 연구에서 아이들의 미래 성공을 결정한 것은 자제력보다 가정 환경이나 부모의 학력, 양육 방식이 더 중요했다고 한다. 결국 가정에서 신뢰, 존중의 안정적 환경이 아이들의 주의를 조절하는 능력에 영향을 미친 것으로 생각할 수도 있다.

6. 자기조절 능력을 향상하는 방법

가. 특정 대상에 주의를 의도적으로 집중하기

자기조절 능력의 바탕은 자신의 주의를 의도적으로 조절하는 능력에서 시작된다. 자신의 주의가 주변의 자극에 반응적으로 끌려가지 않고 의도적으로 집중 및 유지하는 반복된 행동을 통해 길들여진다. 의도적으로 주의를 집중하고 유지하는 과정을 통해 주의를 인식하고 조절하는 뇌의 변화를 만들어 낼 수 있다. 우리는 강의를 듣고 학습하는 과정, 다른 사람들의 말을 경청하는 과정, 다른 사람의 감정과 행동을 관찰하는 과정에서 언제나 이런 주의를 조절하는 능력을 키울 수 있고 자기조절력을 향상시키고 있다. 하지만 많은 자극이 혼선된 상태보다 특별한 시간을 통해 주의력을 훈련하는 것이 효과적이다. 예를 들어 호흡 명상이나 요가, 줄넘기나 양궁 또는 다트와 같은 타겟 운동들이다. 이런 활동은 목표가 명확하고 목표에 주의를 집중하는 능력을 향상시킨다. 주의 조절력을 향상하는 효과적인 방법은 자신의 감각을 활용하는 것이다. 감각은 감정이나 생각보다 명확하게 인식할 수 있어 주의를 조절하기 용이하다. 인터넷과 SNS가 급속히 발달했던 2010년 이후 미국을 비롯한 서구 사회에는 한꺼번에 많은 일을 하는 멀티태스킹이 유능함의 상징처럼 취급될 때가 있었다. 하지만 이런 사람들은 주의가 습관적으로 분산되어 집중력과 일의 효율성이 떨어지고 정신적인 건강까지 해친다는 사실을 알아냈다. 그래서 타임(Time)지에서 바쁜 마음에 온전히 주의를 집중시키는 훈련으로 '마음챙김 혁명(Mindful Revolution)'을 강조하기도 했다. 여기에도 소개되었던 '마음챙김 호흡 명상'은 호흡의 감각에 주의를 집중 및 조절하는 훈련을 통해 자기조절 능력을 향상할 수 있다.

주의 집중력을 향상하는 호흡 집중 명상

① 편안한 자세로 앉아 주의를 자신의 호흡에 집중한다.
② 숨이 들고 나갈 때 코끝의 느낌에 집중한다. 코끝이 주의를 집중하는 초점이 된다.
③ 숨이 들어오는 느낌, 숨이 나가는 느낌을 알아차린다.
④ 호흡에 집중하는 동안 주의가 외부의 자극이나 생각, 감각으로 이탈하면 이런 사실을 알고 끌려가지 않고 다시 코끝의 호흡으로 되돌아온다.
⑤ 마음이 편안해지는 것을 느끼며 지속적으로 코끝의 호흡에 집중한다.

코끝의 호흡에 주의를 집중하는 과정에서 주변의 자극에 반응하는 주의를 조절하는 능력과 함께 미세한 감각의 변화를 알아차리는 능력이 향상된다. 이런 명상은 호흡이 안정되면서 주의력은 물론 자신의 감정과 충동을 조절하는 데에도 효과가 있다.

나. 신체 감각에 집중하는 바디 스캔(body scan)

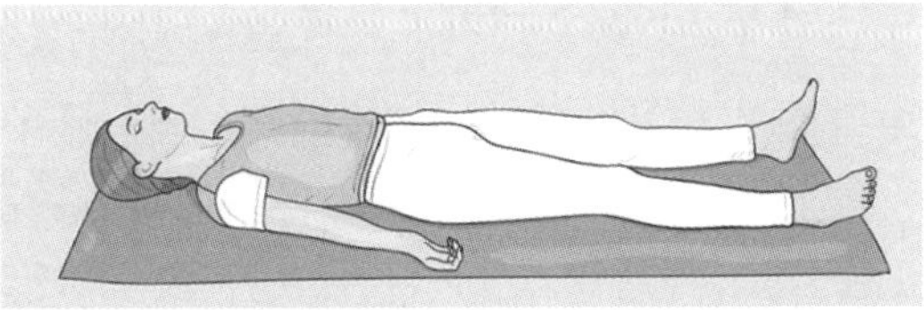

<그림 3> 바디 스캔의 자세

구글과 같은 미국의 대기업에서는 직원들의 자기조절 능력 향상을 위해 다양한 명상 방법들을 활용하고 있다. 그중에서 자신의 발끝에서 머리까지 몸의 감각에 주의를 기울이며 스캔하는 '바디 스캔(body scan)'이라는 방법을 사용한다. 사람의 생각과 감정은 감각과 연결되어 표출되기 때문에 몸의 감각을 인식하는 능력을 통해 자신의 감정과 충동을 알아차리고 조절하는 효과가 있다. 감각에 주의를 집중하는 능력과 감각을 세밀하게 인식하는 능력을 통해 자기 자신

을 인식하는 능력이 향상되고 자연스럽게 조절하는 능력을 뇌가 학습하도록 한다.

1) 주의력과 집중력의 향상

특정 몸의 감각에 주의를 보내고, 주의를 유지해서 감각을 느끼고, 다른 곳으로 주의를 이동하는 과정을 통해 주의 조절력과 집중력이 향상된다. 사람들의 주의는 주변의 자극에 따라 떠돌아다니고 방황하는 속성이 있으며 강한 자극에 자동조종(auto-pilot)되는 속성이 있어 한곳에 집중하고 유지하기 쉽지 않다. 바디 스캔은 이런 주의의 속성을 스스로 조절이 가능하도록 함으로써 집중력과 조절력이 향상되도록 한다. 주의가 집중되면 심신은 안정되고 긍정적인 정서가 유발된다. 반면에 주의가 분산되고 방황할 때 불안과 걱정 등 부정적 정서가 되고 생각에 사로잡히게 된다.

2) 감정의 이해와 조절

주의력이 향상되어 몸의 감각을 세밀하게 인식하게 되면 감정을 인식하고 조절하는 능력도 향상된다. 우리가 감정을 인식하는 것은 몸의 감각으로 인식하기 때문이다. 자신의 감각을 잘 인식하지 못하는 사람은 감정을 인식하고 조절하는 것이 힘들다. 상대가 자신의 의견과 반대의 말을 했을 때 분노, 서운함, 실망, 불안, 짜증 등 다양한 감정을 느낄 수 있다. 이런 감정을 인식하기 전에 우리 몸은 심장이 두근거리거나, 목덜미가 뻣뻣해지는, 가슴이 갑갑하거나, 손발이 차가워지거나, 머리의 압력이 높아지는 등 다양한 감각적 반응을 먼저 느끼게 된다. 몸의 감각을 잘 파악하지 못하면 사소한 서운함이 분노로 느껴져 감정을 과장하거나 왜곡해서 적절한 조절이 힘들게 된다. 감각을 편안하게 인식하고 감정을 명확하게 구분하게 되면 자신을 이해하는 것을 넘어서 타인을 공감하는 능력도 함께 향상된다.

3) 자기 이해와 관리

주의가 가지 않는 것은 인식하기 힘들다. 바디 스캔을 하는 동안 자신이 느끼지 못했던 감각을 느끼게 된다. 몸이 보내는 메시지를 알아차리게 된다. 평소 중요한 일이나 생각들에 집중되어 있던 주의를 몸 전체로 보냄으로써 긴장하고 약해진 감각을 인식하며 돌보게 된다. 돌보지 않았던 단절된 몸의 불편함이 자신을 힘들고 짜증 나고 불안하게 만들고 있음을 알게 된다. 사람의 관계도 서로를 잘 알게 되면 수용하고 이해하는 것이 잘 되듯이 자신과 분리될 수 없는 몸의 감각을 잘 알 때 자신을 이해하고 수용하는 것이 편안해지게 된다.

다. 마음챙김 명상(mindfulness meditation)

명상은 스트레스를 줄이고 마음을 편안하게 하는 것으로 알려져 있다. 그런 효과 외에도 주의를 조절하고 자기 조절력을 높이는 아주 실용적인 방법이 마음챙김 명상이다. 마음챙김은 "주의를 현재에 집중해서 이 순간에 일어나는 모든 것을 판단하지 않고 있는 그대로 알아차리는 마음의 상태"를 말한다. 이런 마음챙김의 상태를 훈련하는 방법이 마음챙김 명상이다. 마음챙김 명상은 심신을 안정시키고, 건강, 심리, 리더십, 공감, 자기인식과 조절 등에 다양한 효과가 있고 뇌의 구조적 변화를 일으킨다는 사실이 과학적으로 증명되고 있다. 이런 효과는 마음챙김 명상이 '주의를 조절하는 특별한 방식'을 훈련하기 때문이다. 우리는 마음챙김 명상 훈련을 통해 주의력과 자기조절 능력, 타인에 대한 반응을 조절함으로써 공감과 협동, 사회적 기술을 효과적으로 활용할 수 있는 능력을 키울 수 있다.

마음챙김 명상이 어떻게 이루어지는지 사례를 들어 살펴보자. 상대의 비판적이고 무시하는 언행으로 불쾌감이나 분노, 불안을 느꼈을 때를 생각해 보자. 상대의 언행을 <자극>이라고 한다면 그에 따른 감정과 행동을 <반응>이라고 하자. 우리는 상대의 자극 때문에 불쾌감, 분노, 불안이라는 반응을 느꼈다고 생각한다. 하지만 사실은 상대의 언행이 자신을 무시한다고 판단했기 때문에 일어나는 반응이다. 상대의 언행을 경험해도 '나를 무시해', '나를 공격해' 등의 판단을 하지 않으면 불쾌한 감정적 반응은 일어나지 않는다. 상대의 언행을 경험할 때 자신의 과거 경험, 기억, 선입견 등이 만들어 낸 생각과 판단으로 인해 반응하게 된 것이다. 결국 상대의 언행이 문제가 아니라 자신의 생각과 판단의 결과가 반응을 만들어 낸 것이다. 상대의 언행으로 떠오르는 생각과 판단을 하나의 현상으로 지켜보지 못하고 무의식적으로 생각과 판단에 주의를 빼앗기면 그것

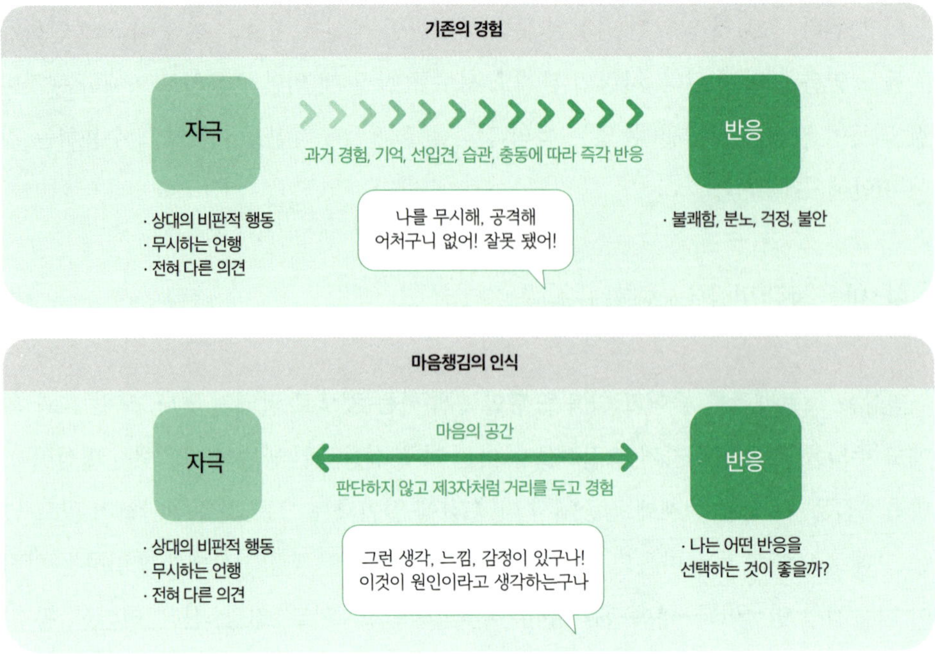

을 사실이라고 생각하고 원하지 않는 반응을 보이게 된다.

마음챙김은 판단하지 않고 있는 그대로 생각, 감정, 감각, 외부의 자극을 경험하는 것을 말한다. 외부의 자극과 그 자극으로 발생하는 감정과 생각을 마치 제3자처럼 거리를 두고 관찰하듯이 인식한다. 하늘에 구름이 발생하는 것처럼 마음속에 그런 생각, 그런 감정, 그런 느낌의 발생과 소멸을 경험한다. 위의 예시처럼 상대의 언행과 그로 인해 떠오르는 자신의 생각과 감정을 판단하지 않고 지켜볼 수 있다면 전혀 다른 반응을 선택할 수 있다. 상대의 행동이 나를 무시하고, 비판하는 것이 아니라 그저 상대의 습관적 행동, 나와 상관없이 상대의 입장에서 할 수 있는 당연한 행동이라는 생각도 관찰할 수 있다. 주변의 자극과 그로 인한 자신의 생각과 감정에 주의가 납치되지 않고 지켜볼 수 있을 때 자신에게 합리적인 반응을 선택할 수 있다. 그러기 위해서는 자극과 생각, 감정 등에 자동적으로 끌려가지 않는 주의 조절력이 필요하다. 마음챙김 훈련이 자기조절에 효과적이고 협력과 사회성에 효과적일 수 있는 이유는 자극과 반응 사이에 자신이 선택할 공간을 확장하기 때문이다.

라. 부정적 감정 속에서 자기조절 훈련

타인을 공감하며 협력하는 것이 힘든 경우는 감정을 조절하는 것이 힘들 때가 많기 때문이다. 특히 부정적 감정은 자신과 타인, 환경을 부정적으로 인식하고 조절된 행동을 힘들게 한다. 그래서 자기조절 능력을 향상하는 가장 현실적이고 핵심적인 부분이 감정과 충동의 조절이다. 우리 뇌에서 감정은 이성보다 먼저 반응하고 훨씬 많은 영향력을 행사한다. 감정이 과잉 활성화되어 있으면 상식 수준의 이성적 판단도 힘들게 되어 있다. 생존을 위해 감정의 즉각적인 대응이 중요하기 때문이다. 그래서 부정적 감정 속에서 자신의 감정을 진정시키고 조절하는 능력은 자기조절력 향상에 필수적이다. 여기에 다양하게 검증된 부정적 감정 조절 훈련이 있다. 평소 훈련을 해 두면 스트레스가 높게 일어나고 부정적 감정으로 힘들 때 활용할 수 있다.

① 주의를 호흡에 집중하고 3차례 의도적으로 호흡을 한다.
② 과거의 불행한 사건, 좌절, 분노, 상처의 순간을 떠올린다.
③ 부정적 감정의 관리
- 부정적 감정을 느끼고 판단하기 전에 일단 멈춘다(멈춤).
- 주의를 호흡으로 돌리고 호흡에 주의를 집중한다(주의 전환, 이완 및 안정감 찾기).
- 부정적 감정이 나타나는 몸의 감각에 주의를 기울인다(감정의 관찰과 수용).
- 이 감정이 어디서, 무엇 때문에, 감정을 촉발하는 방아쇠를 찾는다(객관적 성찰).
- 내가 할 수 있는 가장 친절하고 긍정적인 반응을 찾는다(선택).
④ 주의를 호흡으로 돌리고 호흡을 관찰하며 되돌아온다.

마. 자기조절력을 향상하는 다양한 활동

자기조절력은 자신이 의도한 목표에 집중하고, 자동적이고 습관적인 반응을 줄이고, 자신이 원하는 긍정적이고 조절된 반응을 늘려나가는 반복을 통해 달성될 수 있다. 우리는 무의식적으로 당장의 자극에 휘둘리고 늘 해 오던 습관과 기억에 맞춰 반응적으로 대응한다. 또한 쾌감 반응에 접근도가 높고 당장의 불쾌함을 피하려고 반응한다. 이런 반응은 자연스러운 현상이지만 훈련되거나 관리되지 않으면 자기조절력을 떨어뜨리게 된다. 그래서 일상의 반복된 훈련을 통해 우리는 스스로 조절력을 유지하고 높여 나갈 수 있다.

1) 목표 운동

직접 확인할 수 있는 목표는 자신을 통제 및 조절하고 동기를 높이는 효과적인 방법이다. 분, 횟수를 정해 놓고 반복적으로 할 수 있는 줄넘기, 지구력 훈련, 요가 등의 운동은 자동반응성을 줄이고 끈기 있게 자신을 조절하는 근성을 높인다.

2) 목표 달성 이미지 트레이닝

자신이 바라는 목표가 달성된 순간이나 결과를 구체적으로 상상해 보자.

목표 달성을 위해 노력하도록 동기부여 될 뿐만 아니라 목표에 맞춰 행동을 자연스럽게 조절하게 된다. 목표가 달성된 순간이나 결과에 세밀하게 주의를 집중하는 이미지 트레이닝이나 심상 명상은 일상의 자신을 조절하는 힘을 키워 준다.

3) 패턴 역행 훈련

우리는 평소에 하던 방식이나 습관대로 움직인다. 뇌는 반복된 것을 가장 신뢰하고 안정적으로 생각한다. 그래서 뭔가를 반대로 할 때 뇌는 저항하게 되어 있다. 평소에 하던 방식을 반대로 해 보자. 뇌가 부담을 느끼며 저항할지 몰라도 조절력이 높아지고 뇌의 유연성도 강화된다. 오른손으로 하던 일을 왼손으로 해 보거나 길이나 교통 수단을 바꿔 보고 늘 사용하던 디지털 기기를 사용하지 않고 하루를 지내 보자. 조절력이 높아지고 뇌는 유연해진다.

4) 요가 등 불쾌한 자극의 수용 훈련

우리는 무의식적으로 익숙하지 않거나 불쾌한 자극을 피하거나 저항하도록 되어 있다. 그것이 좋은 것이라도 피하거나 저항하면서 생각으로 완벽하게 합리화하는 경향이 있다. 긴장된 근육을 늘리면 불쾌한 감각과 감정 때문에 지속하기 힘들고 저항하는 것은 당연하다. 이런 감각과 감정을 수용하고 변화를 지켜보는 훈련은 조절해야 하는 순간의 저항감을 줄일 수 있다.

바. 재해석 훈련

부정적인 상황이나 타인의 부정적인 반응은 자연스럽게 부정적인 해석과 반응을 만든다. 여기에는 기존의 믿음, 경험, 기억들이 분명한 근거를 마련해 주기 때문에 자연스럽게 느낀다. 그것이 부정적으로 편향된 것이라도 유연하게 변화시키기는 힘들다. 그래서 부정적 상황의 느낌이나 생각, 감정을 인정하고 긍정적으로 해석하려는 의도적인 노력은 부정적 반응에 대한 조절력을 높여 준다. 자기조절력이 높고 이해심이 많고 협력을 잘하는 사람들은 부정적 상황에서도 긍정적인 해석이 잘되는 사람들이다. 즉 부정적 상황에 대한 저항감의 피해가 적은 사람들이다. 힘들고 부정적인 상황에 드는 생각과 감정을 적고 긍정적인 부분을 찾아 긍정적으로 재해석해 보자.

학습 활동

1. 인간의 지적 발달은 협력과 어떤 연관성이 있었나?

2. 첨단 기술과 인공지능이 보편화되는 사회에서 인간의 협력이 중요해지는 이유는 무엇인가?

3. 협력하는 능력을 향상하기 위해서 자기조절 능력이 중요한 이유는 무엇일까?

4. 감성지능이 무엇이며 이 중에서 자기조절 능력이 더욱 중요한 이유는 무엇일까?

5. 자기조절 능력의 가장 바탕이 되는 능력은 무엇이고 왜 그런가?

6. 사람들의 주의(attention)가 '반자동'이라는 사실은 어떤 의미를 가지고 있는가?

7. 마음챙김(mindfulness)이 주의를 조절하는 능력을 향상하는 이유는 무엇일까?

제2장 배려와 자기돌봄

1. 공동체와 배려

코로나 시대를 거치면서 우리는 나의 행복과 이익이 타인이나 공동체의 이익과 무관하지 않다는 사실을 절실하게 느낀 듯하다. 우리 사회에서 나만 안전하고 이익이 되는 행복은 존재하기 힘들고 지속하기도 힘들다. 인간은 사회적 동물이며 관계 속에서 태어나 관계를 통해 성장하고 삶을 영위해 나가는 존재다. 다양한 관계 속에서 공동체의 보이지 않는 영향력 속에서 자신의 삶을 살아간다. 관계와 공동체라는 울타리는 인간에게 선택이 아니라 존재 그 자체와 같다. 우리는 관계와 집단이라는 공동체에서 살아가면서 상호 영향을 받고 소속감, 상호의존성, 상호 헌신이라는 공동체 의식을 학습하며 살아가고 있다. 즉, 공동체 속에서 소속되면서 자신의 존재감을 느끼고 상호 의존하면서 어려움을 극복하고 더 나은 삶을 살아간다. 서로에게 헌신하면서 사회적 지지와 안전망을 갖추며 살아 왔다. '인간은 사회적 존재'라고 한 아리스토텔레스는 인간은 공동체 속에서만 인간다움을 영위할 수 있다고 말한다. 가장 이상적이고 충만한 상태를 행복이라고 할 때 행복은 사람들과의 결합 속에서 실현 가능하다는 것이다. 우리는 오랜 시간 관계 속에서 공동체의 이익과 목적을 생각하면서 개인의 행복을 만들어 왔다.

공동체 의식의 결여는 사회질서의 혼란, 인간관계의 불신, 소외와 이기주의, 다양한 사회 문제를 낳는다. 2005년 호주 플린더스 대학 연구진이 70세 이상 노인들을 10년간 추적 조사한 결과 친구를 많이 둔 노인이 가족 관계가 좋은 노인보다 사망 위험이 22%

정도 낮았다고 한다. 사회적 네트워크가 견고하고, 만남이 많을수록 수명이 늘어나는 것으로, 사회적 관계가 얼마나 중요한지 잘 보여 준다. 이들 연구진에 따르면 외로움을 많이 느끼는 사람들은 건강도 안 좋고, 심장마비, 암, 알츠하이머 등 질병에도 취약하다. 인간에게 관계와 공동체는 오래전부터 생존은 물론 심신의 건강과 안녕, 인간다움과 행복을 영위하는 보이지 않는 조건이라고 할 수 있다. 관계와 공동체 의식이 인간에게 이런 긍정적인 영향을 주는 이유는 서로를 위해 배려하는 마음과 행동이 상호 작용하고 있기 때문이다. 공동체 의식의 가장 기본적인 핵심은 서로를 배려하는 마음과 자세일 것이다.

2. 배려의 경험에서 확인하게 되는 것들

타인에게 배려를 받거나 배려할 때 어떤 느낌과 생각이 들었는지 써 보자. 이 느낌과 생각을 쓰는 것은 배려가 무의식적으로 우리에게 어떤 영향을 주고 있는지 확인하도록 해 준다.

우리는 특별히 학습하지 않아도 배려를 받을 때 기분이 좋아지고 긍정적인 감정을 느끼게 된다. 안정감과 존재감도 느끼고 존중받는다고 느낀다. 상대에 대한 호감과 공감대가 생기고 신뢰감이 생긴다. 마음이 움직이고 자발적이고 적극적으로 변한다. 자신의 희생을 감내하고 배려할 때 오히려 더 커진 자신의 존재감을 느낀다. 혼자 존재하는 것이 아니라 더 큰 존재로 안정감과 감사를 느끼게 된다. 배려가 우리의 안정감, 존재감, 만족감, 동기부여 등과 연결되어 있다는 것을 확인할 수 있다.

3. 배려(配慮)의 의미

일본 '경영의 신'이라는 마쓰시타 고노스케(松下幸之助)가 이름난 식당에 손님들을 초대했다. 여섯 명의 일행이 똑같이 스테이크를 주문했다. 식사가 끝날 즈음 회장은 수행원에게 스테이크를 요리한 주방장을 모셔 오라고 했다. 매니저가 아닌 주방장을 모셔 오라는 것이다. 부름을 받은 주방장은 자신을 찾은 손님이 대단한 사람인 것을 알고 "스테이크에 무슨 문제가 있습니까"라고 떨리는 목소리로 물었다. 회장은 "아니오! 오늘 스테이크는 정말 맛있었고 당신은 훌륭한 요리사요. 다만 내 나이가 이미 여든이라 입맛이 예전 같지 않아 오늘은 반밖에 먹을 수 없었소. 내가 당신을 보자고 한 것은 반밖에 먹지 않은 스테이크가 주방으로 들어가면 당신의 마음이 편치 않을 것 같았소. 내가 스테이크를 남긴 것은 당신의 요리 솜씨가 나빠서가 아니란 말을 전해 주고 싶었다오"라고 말하는 것이었다. 이 일화는 마쓰시타 고노스케가 평소 자신이 만나는 사람을 얼마나 존중하고 배려하는가를 잘 보여 준다. 그의 성공과 사회적 명성이 단지 유능함에서 만들어진 것이 아니라 그의 '마음 씀씀이'에서 만들어졌을 것이다.

배려는 "도와주거나 보살펴 주려고 마음을 쓰는 것, 상대방을 생각하고 그 마음을 행동으로 옮기는 것"이라고 할 수 있다. 배려는 타인을 생각하는 것, 타인에게 마음을 쓰는 것, 타인에게 관심을 가지는 것이다. 상대방의 입장을 생각하는 것에서 시작해서 마음을 연결하는 방법이고 소통의 시작이라고 할 수 있다. 나아가 혼자 생존하고 성장할 수 없는 인간이 성장하고 발전할 수 있는 길이기도 하다. 그래서 공동체 의식의 바탕은 배려하는 마음과 행동에서 시작한다고 할 수 있다.

> "도와주거나 보살펴 주려고 마음을 쓰는 것,
> 상대방을 생각하고 그 마음 씀씀이를 행동으로 옮기는 것"

폭염이 기승을 부리는 여름, 한 아파트의 주민이 택배기사를 위해 작은 선물을 준비해서 훈훈함을 안겨 준 기사가 있었다. 한여름 폭염으로 고생하는 택배 기사님들을 위해 입주자 대표가 간식과 시원한 음료, 얼음물을 준비해 두고 노고에 감사하며 위로했

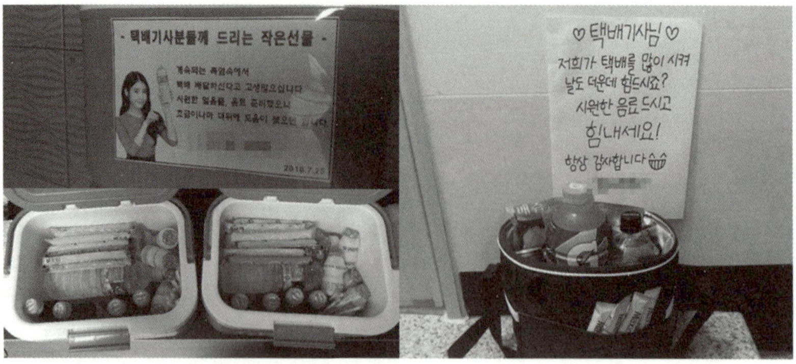

<그림 4> 택배기사에게 감사의 마음을 표현하는 시민들

다는 기사였다. 이런 소식이 알려지자 커뮤니티 사이트에서는 "간만에 훈훈한 미담을 보니 기분이 좋다", "정말 살고 싶은 아름다운 아파트다"라는 댓글이 달렸다. 이런 배려 행동은 다른 아파트와 개인, 단체나 조직에 전달되어 '택배기사 감사 챌린지'가 최근까지 진행되기도 했다. 주민들이 자유롭게 아이스박스에 음료를 채우고 응원 패널까지 만들어 감사와 응원의 메시지를 전달했다. 이런 작은 배려에 택배기사는 '감사합니다. 잘 마시겠습니다'라는 등 직접 손글씨를 남겼다고 한다. 이와 반대로 교통안전 등을 문제로 택배 차량의 아파트 출입을 제한하는 사례도 있었다. 몇 배로 힘들어진 택배기사들은 집단으로 배달을 포기하며 아파트 주민과 갈등을 겪었다. 작은 배려가 힘든 상황을 극복하도록 하고 서로를 긍정적으로 연결하도록 한다. 보이지 않는 사람들에게까지 긍정적인 영향을 주는 것과 달리 배려 없는 행동은 마음을 닫고 쉽게 갈등을 촉발한다.

4. 배려의 영향력

가. 배려와 인간의 정서, 동기

배려가 개인과 공동체에 미치는 영향을 보면 배려는 이기심과 함께 인간의 또 다른 본능 같기도 하다. 배려를 받을 때 우리는 감동하고 활력이 넘치고 긍정적인 정서를 느낀다. 이런 느낌은 호르몬의 변화 때문이다. 우리가 배려를 받고 감동할 때 우리 뇌에는 '보상회로(reward pathway)'라는 곳이 활성화된다. 도파민(dopamine)이라는 쾌감과 즐거움을 느끼게 하는 호르몬이 보상회로를 따라 방출되면서 우리는 즐거움과 활력, 쾌감을 느끼게 된다. 그리고 이런 감동적인 순간에는 행복 호르몬이라는 세로토닌(serotonin)의 분비도 늘어난다. 배려를 통해 유발되는 긍정적 정서는 그 자체로 행복감을 느끼게 하지만 사람들을 움직이게 하는 동기부여 시스템이기도 하다. 외부적 보상 없이 동기를 느끼는 것을 '내적 동기'라고 한다. 인간의 대표적인 내적 동기는 스스로 뭔가를 선택하고 결정할 때의 자율성, 자신의 능력이 조금씩 확장되고 있다는 능력의 확장, 관계 속에서 헌신하며 존재감을 느끼는 관계의 만족감 등이 있다. 관계의 만족 즉, 사회적 결속력을 느끼거나, 애정, 인정, 존중, 배려를 느낄 때 사람들은 긍정적인 감정을 느끼고 긍정적으로 행동한다. 이내 동기를 부여하고 행동하도록 도파민(dopamine), 신뢰감을 높이는 옥시토신(Oxytocin), 고통과 스트레스를 줄이고 기분을 좋게 하는 엔돌핀(endorphins)과 같은 호르몬들이 방출되기 때문이다. 이런 호르몬들로 활력을 느끼고 힘든 상황에서 스트레스를 줄이고 서로를 더욱 친근하고 신뢰감 있게 느끼게 된다. 배려하는 마음 씀씀이는 사람들의 긍정적인 감정을 유발하고 적극적으로 행동할 수 있는 동기를 유발함으로써 개인은 물론 사회의 긍정적인 엔진 역할을 한다고 볼 수 있다.

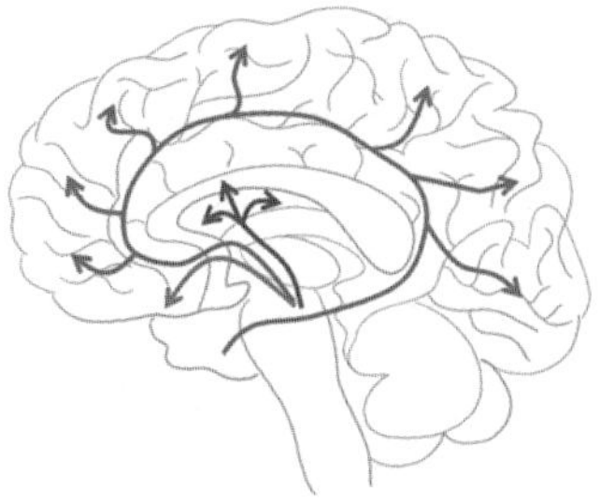

<그림 5> 뇌 보상회로(reward pathway) 경로

도파민이라는 신경전달물질이 보상 자극에 의해 여러 경로로 뇌에 전달됨으로써 즐거움(쾌감)을 느끼게 된다.

다. 배려는 소통과 관계의 시작

우리는 좋은 관계와 소통을 위해서 신뢰를 강조한다. 신뢰를 구축하기 위해서 서로를 인정하고 존중하라고 말한다. 그렇다면 존중한다는 것은 어떻게 증명할 수 있을까? 바로 '배려'하는 행동을 통해서다. 우리는 상대의 배려를 통해 인정받고 존중받는다는 사실을 확인한다. 자신의 입장과 이기심을 벗어나 상대의 입장과 관점에서 마음을 쓰고 있기 때문이다. 배려가 사라진 관계는 인정과 존중이 사라지고 신뢰는 시들게 된다. 그래서 좋은 관계를 위한 소통의 시작은 배려를 통해 존중을 표현하고 확인할 수 있다. 이때 사람은 마음을 열고 신뢰를 쌓고 자발적이고 온전하게 관계에 참여하게 된다.

"내가 존중받고 있다는 사실을 어떻게 알 수 있을까?"

관계와 소통이 배려에서 시작하고 사회생활에서 모두 원하고 있다는 사실을 쉽게 확인할 수 있다. 2018년 포스코에서 진행한 세대 간 이해와 소통력 향상 프로그램인 '톡톡캠프'에서 소통과 업무 몰입도 향상을 위해서 직책자나 선배에게 가장 기대하는 것이 무엇이냐는 질문을 올렸다. 그 결과 가장 많은 48%의 사람들이 '존중과 배려에 더 귀 기울였으면 한다'고 답했다. 온라인 취업 사이트 '사람인'에서 직장인 1985명을 대상으로 한 설문에서 '가장 존경하는 상사의 유형'을 질문했을 때 '배려심 있고 인격 있는 상사'가 36.9%로 가장 많이 나타났다. 사람들은 누구나 인정받고 존중받기를 희망한다. 반면에 이기심으로 타인을 배척하고 무시하며 상대를 지배하려고도 한다. 관계와 소통은 인간의 이기심을 극복하고 배려를 통해 상대를 존중할 때 상호 작용될 수 있다. 우리는 배려를 통해 작은 나에서 큰 나로 확장하고 거대한 우리를 느낄 수 있다.

"배려가 사라지면 존중이 사라지고 관계는 수단화된다.
반대로 우리가 배려를 실천할 때 서로에 대한 존중이 살아나고
관계의 만족을 꽃피울 수 있게 된다."

다. 분노 사회의 치유

심리학자 프랭크 미너스(Frank minirth)는 "타인으로부터 무시당하거나 무가치한 존재로 취급될 때 분노가 폭발한다"라고 말한다. 자신의 가치가 무시당하고 자기 보전의 욕구

가 박탈당할 때 느끼는 감정이 분노라는 것이다. 치열한 경쟁 사회 속에서의 압박감, 경제 구조의 양극화로 인한 불안감, 사회의 빠른 변화 속도에 자신이 정체되어 있다는 박탈감을 느끼기 쉽다. 개인주의적 사회 분위기 탓에 외로움과 분노는 현대인들에게 익숙해지기 쉬운 감정들이다. 이런 분노 사회 속에서는 누군가 성공하고 행복을 누린다고 하더라도 그것은 불안하고 지속하기 힘들 것이다. 누군가의 성공과 행복은 언제나 분노라는 위협의 대상이 될 수 있기 때문이다. 공동체의 미덕이 살아 있는 사회에서는 언제나 사랑과 관심, 배려를 받고 감사하는 긍정적인 감정을 나누고 수혈할 수 있었다. 그 속에서 자신의 가치를 느끼고 자기 보전의 욕구를 충족시킬 수 있었다. 공동체는 타인을 위한 배려 속에서 타인과 함께 자신의 가치와 보전을 확실하게 보장받으며 살 수 있었다. 그래서 오늘날 분노 사회의 치유는 배려의 가치를 끌어내고 상호 작용할 때 극복해 나갈 수 있다. 배려는 타인만을 위한 것은 아니다. 타인을 배려하는 마음이 있어야 자신을 배려하는 마음이 생겨난다. 타인을 배려하는 방식으로 자신을 배려하기 때문이다. 배려는 나, 너, 우리 속에서 존재하고 상호 작용해야 할 마음의 씀씀이라고 할 수 있다.

5. 진정한 배려

가. 황금률과 백금률

배려가 마음을 쓰고 보살펴 주는 것이라면 진정으로 배려한다는 의미는 무엇일까? 혹시 누군가를 배려한다는 것이 힘들고 부담스럽게 느낄 때도 있다. 배려했다가 아픔과 슬픔을 느끼지 않았는가? 배려가 자신의 의도와 다르게 소통하기 힘들었던 이유는 무엇일까? 다음의 이야기 속에서 진정한 배려의 방법을 찾아보자.

◈ 읽을 거리

소와 사자의 사랑과 배려

옛날 소와 사자가 있었다. 이들은 너무 사랑해서 결혼해서 살게 되었다. 둘은 항상 서로 최선을 다하기도 약속했다. 소는 사자를 위해 날마다 제일 맛있는 풀을 골라 대접했다. 마찬가지로 사자도 매일 소를 위해 사냥했고 가장 연하고 맛있는 살코기를 대접했다. 하지만 서로의 마음과는 다르게 힘들고 고통스러웠다. 서로를 위해 참고 맛있게 먹어 주는 척 하는 것은 한계가 있었다. 끝내 소와 사자는 크게 다투고 헤어지고 말았다. 둘은 헤어지면 서로에게 말했다. "나는 당신에게 최선을 다하며 배려했습니다."

사람의 마음은 똑같다. 고통과 아픔은 피하고 만족과 즐거움은 끌어당긴다. 문제는 고통과 만족을 느끼는 것이 다르다는 것이다. 우리는 사람들과의 관계나 소통에서 "남에게 대접받고자 하는 대로 대접하라"라는 말을 많이 듣는다. 성경(마태복음 7장 12절)에 나오는 구절로 로마의 황제 세베루스 알렉산데르(Severus Alexander)가 거실 벽에 금으로 써 붙여 두고 좌우명으로 삼았다 하여 '황금률(golden rule)'이라고 불렀다. 논어 위령공 편에 보면 공자도 비슷한 말을 했다. "내가 원하지 않는 것을 남에게 베풀지 말라"라는 것이다. '소와 사자의 이야기'는 서로를 위해 황금률을 잘 따랐다. 이것은 '나 중심'이다. 마음의 태도나 자세를 이야기할 때 모든 것에 잘 적용되지만 베풀고 상호 작용하는 방법에는 좀 더 고민이 필요하다. 사람마다 성향과 욕구, 가치관, 경험도 다르고 처해 있는 상황과 입장도 다르다. 타인을 배려하고 도와줄 때 이런 다름과 차이를 생각할 필요가 있다. 진정한 배려는 "상대가 원하는 방식으로 대접하라"라는 백금률(platinum rule)을 따를 필요가 있다. 백금률은 미국의 커뮤니케이션 전문가인 토니 알렉산드라(Tony Alessandra) 박사의 베스트셀러 '백금률(The Platinum)'에서 언급된 말로 '상대 중심'으로 인식을 전환하고 공감력 있는 상호 작용을 가능하게 한다. 진정한 배려는 상대가 원할 때, 상대가 원하는 방식으로 해야 한다. 상대의 입장을 고려하지 않은 배려는 오히려 상대를 더 아프게 하고 갈등이나 대립을 만들 수 있다. 배려가 배려하는 사람의 입장과 의도로 끝나지 않으려면 배려를 받는 사람의 입장을 충분히 고려해야 한다. 그러기 위해서는 자신의 마음에 상대의 관점이 있어야 하고 상대에 대한 관심과 사랑, 애정 어린 관찰과 경청이 필요하다.

나. 배려는 예의를 지키는 것과 다르지 않다

예의, 에티켓(etiquette), 매너(manner)의 공통점이 무엇이라고 생각하는가? 우리는 예의와 에티켓을 갖춘 사람을 신뢰하고 편안해하는 경향이 있다. 또 매너 있는 사람을 좋아한다. 예의는 '존중의 뜻을 표현하기 위하여 예(禮)로써 나타내는 말투나 몸가짐'으로 풀이한다. 예의, 예절은 사람들이 마땅히 지켜야 하는 규칙, 규범과 같은 것으로 서양에서는 에티켓과 통한다. 에티켓은 프랑스에서 시작된 말로 프랑스 왕국에서는 방문하는 사람들이 지켜야 하는 예식이 많았는데 이런 예식과 절차를 적은 티켓을 나누어 준 곳에서 유래되었다. 예의나 에티켓은 법적인 구속력은 없지만 사회적 약속과 같은 개념이 포함되어 있다(지킨다 vs 안 지킨다). 매너는 당위성이나 규범적 속성보다는 타인을 기분 좋게 만들어 준다. 즉 타인을 배려하는 마음을 행동으로 나타내는 자세, 태도, 몸가짐 등으로 개인의 주관적인 표현 양식이다(좋다 vs 나쁘다). 화장실에서 노크를 해야 하지만 상대가 놀랄 것을 염려하여 적당한 강도로 노크를 한다거나 식사를 할 때 상대의 속도에 맞춰서 조절하는 등의 행동들이다. 이렇게 비슷한 듯 차이를 가지고 있는 예의, 에티켓, 매너의 공통점은 모두 상대를 배려하는 마음을 관습화해 놓은 것이다. 자신의 이익과 만족을 넘어 공동의 만족을 추구하고 사람을 이해하고 호감을 느끼도록 만들어진 행동의 관습이고 문화인 것이다. 그래서 배려는 예의, 에티켓, 매너를 실천하는 것과 다르지 않다. 상대를 이해하고 배려하는 노력을 통해 존중과 신뢰가 형성된다. 상대를 이해하고 배려하는 핵심은 상대와 나의 다름을 인정하면서 수평적인 관계로 바라보는 것이다. 배려를 바탕으로 예의, 에티켓, 매너를 실천하고 활용할 때 자연스럽게 존중과 신뢰가 형성된다.

다. 자기 배려가 모든 배려의 전제 조건

진정한 배려는 타인이 아니라 '나를 배려하는 것'에서 시작된다. 배려는 인간이면 누구나 가지고 있는 마음이고 사회적 인간으로 문화 속에서 자연스럽게 길러진 마음의 관습이다. 이런 오랜 관습에는 '자리이타(自利利他), 상대를 이롭게 할 뿐 아니라 자신도 이롭게 한다'는 의미가 담겨 있다. 자신의 괴로움과 고통 속에서 타인을 배려하는 마음이 자연스럽게 생기기는 힘들기 때문이다. 고통과 괴로움, 혼란과 긴장은 사람의 주의를 좁게 만든다. 이런 부정적이고 긴장된 환경 속에서는 자기 자신도 고통과 괴로움을 벗어날 곳에만 주의를 둔다. 이런 상황에서 주의를 상대에게 두고 상대의 관점에서 생각하고 느끼는 것은 불가능하다. 배려는 협소한 자신의 주의를 타인과 사회로 확장하는 힘이고 능력이다. 그렇기 위해서는 우선 자신이 긍정적인 생각과 감정을 가질 수 있어야 한다. 배려가 사라지는 사회에서는 개인이 자신에게 존재나 가치, 자신에 대한 긍정적이고 너그러운 마음을 만들기 힘들기 때문이다. 경쟁과 빠른 변화, 치열한 목표 달성이 생존의 위협을 느끼는 위기 속에서 긴장된 마음은 자신을 채찍질하기 바쁘다. 이때 자신을 이해하고 배려하기보다는 거세게 밀어붙이는 것이 당연한 것처럼 느끼기 쉽다. 이런 사회에서 타인에 대한 배려를 요구하거나 타인의 입장으로 관점을 전환하는 것은 더욱 힘들게 된다. 그래서 타인을 위한 진정한 배려는 나를 배려하는 것에서 시작되어야 한다.

타인만을 위한 배려, 지나친 자기희생적 배려는 자신을 소외시키고 자신의 존재, 욕구, 가치를 확인하기 힘들다. 그래서 소진(burn-out)이나 우울감, 공허함에 휩싸이기 쉽다. 타인에 대한 배려가 자신의 안정, 만족, 성장과 연결되기 위해서는 자기 배려가 먼저 필요하다.

"진정한 배려는 나의 입장과 타인의 입장,
나의 권리와 타인의 권리를 고려한 균형 있는 배려다."

6. 자기 돌봄

가. 자기 돌봄이란

자기 돌봄은 자신을 배려하고 돕는 행위로 자기 자신에게 관심을 가지고 몸과 마음의 건강을 유지하기 위한 행동을 의미한다. 즉, 자신을 소홀히 하지 않고 자기 욕구를 충실하게 실현하여 성장과 발전을 도모하는 것을 말한다. 타인에 대한 배려는 자신에 대한 배려를 전제 조건으로 한다고 할 때 자기 배려를 위한 적극적인 행동이 자기 돌봄이라고 볼 수 있다. 자기 배려의 방법으로 자기 돌봄을 구체적으로 설명하면 다음과 같다.

- 자신의 관심을 외부에서 내부로 이동하여 주의를 기울인다.
- 자신을 있는 그대로 인정하고 수용하도록 한다.
- 자신의 감정, 행동, 생각을 경청하고 이해하려고 노력한다.
- 자신을 친절하게 대하고 자신에게 상처 주기보다 위로한다.

자기 돌봄은 자신에 대한 공감이라고 말할 수 있다. 자신을 배려하고 돕기 위해서는 자신을 먼저 공감할 수 있어야 한다. 우리는 자기 자신에게 더 관심을 가지고 공감할 때 편안하고, 타인을 관대하고 수용적으로 대하게 된다. 타인에 대한 공감도 자신에 대한 공감 능력을 통해서 이루어진다. 자신에 대해 더 잘 공감함으로써 자신의 감정과 행동을 더 이해할 수 있고 자신에 대한 연민과 사랑을 키우고, 자신에게 힘을 실어 줄 수 있는 능력을 기르게 된다.

나. 자기 돌봄의 3가지 차원

1) 자기 자신에 대한 알아차림

자기 돌봄은 자신에 대한 관심으로 시작된다. 관심을 자신에게 돌려 자신을 있는 그대로 허용하고 수용하면서 자신의 정서적, 정신적, 신체적 상태를 알아주는 과정이 필요하다. 내 감정과 생각, 신체적 상태를 강요하는 것이 아니라 있는 그대로 수용하면서 인식하고 알아주는 것이다.

- 정서적 알아차림 : 자신의 감정(불안, 화, 슬픔, 기쁨, 등)을 있는 그대로 알아차림
- 정신적 알아차림 : 자신의 생각, 사고 과정을 그대로 이해하고 알아차림
- 신체적 알아차림 : 자신의 신체, 스트레스에 대한 신호 등을 알아차림

2) 균형과 회복

자기를 돌본다는 것은 스스로 균형을 유지하는 것을 말한다. 자신의 심신이 건강한 상태를 유지할 수 있도록 균형을 유지하는 것이다. 균형이 깨졌다는 것을 알아차리고 이를 회복할 수 있도록 노력하는 것을 말한다.

- 자신에게 관심을 두는 것과 타인에게 관심을 주는 것에 대한 균형 유지
- 일과 놀이, 자신의 것과 공동의 일 사이에 균형을 유지
- 스트레스가 올라올 때 알아차리고 회복할 줄 알고 안정감을 찾는 일

3) 연결하기

자신을 돌본다는 것은 자신을 도울 수 있는 선택을 한다는 것이다. 힘든 상황을 알아차리고 자신을 도울 수 있는 사람과 다양한 환경에서 도움의 자원을 찾고 적극적으로 활용할 수 있어야 한다.

- 혼자의 힘이 아니라 세상의 여러 자원들을 연결하여 지지를 받도록 하는 일
- 감당하기 힘든 일이나 의무를 혼자 감당하지 않고 도움을 요청하는 일

다. 자기 돌봄의 방법

1) 자기 공감과 위로의 시간 가지기

자기 공감은 자신을 비난하거나 공격하기보다는 자신의 고통을 알아차리고 덜어 주는 마음과 행동이다. 힘들고 고통 속에 있는 자신을 인식하고 고통을 덜어 주고 싶은 마음을 가지는 것이다. 이것은 누구나 완전하지 않으며 실수하고 실패할 수 있고 고통받을 수 있다는 인간의 보편성을 인정하는 것이다. 완벽함보다 있는 그대로 온전하게 존재하도록 대하는 것을 말한다. 인간의 보편성을 인정하고 자신을 친절하게 대하며 위로하는 것을 말한다. 자기 공감과 사랑의 명상은 자신을 있는 그대로 공감하고 위로할 수 있는 시간과 힘을 키워 준다. 하루에 한 번이라도 자신을 따뜻하게 공감하고 위로하는 시간을 가져서 자신을 배려해 보자.

자기 공감과 사랑의 명상

① 편안하게 호흡에 집중하며 마음의 안정을 찾아봅니다.
② 손을 가슴에 대고 행복함, 따듯함을 느낄 수 있는 대상이나 순간을 떠올립니다.
③ 호흡과 함께 대상을 떠올리며 가슴속에 부드러운 행복감이 차는 것을 느껴 봅니다.
④ 따뜻해진 가슴으로 이제 자신의 모습을 떠올려 봅니다. (거울에 비친 자신의 모습 등)
⑤ 다음의 문구를 3번씩 반복합니다.
- 내가 행복하고 평화롭기를 바랍니다.
- 나는 누구와도 바꿀 수 없는 단 하나의 귀중한 존재입니다.
- 상처받고, 부족하더라도 이대로의 나를 사랑합니다.
- 나는 고통과 괴로움에서 벗어나기를 바랍니다.
- 나는 나의 아픔과 상처가 치유되기를 바랍니다.

2) 재충전의 습관 기르기

일상에서 균형과 회복을 유지하기 위해서는 재충전의 시간이 필요하다. 연료가 고갈된 상태에서 무작정 달리지 않도록 자신을 배려하고 관리할 수 있어야 한다. 자신에게 여유와 위안, 에너지를 얻을 수 있는 일들을 찾아 자신만의 재충전의 시간을 가지자. 재충전의 시간은 통해 상처를 치유하고 새로운 시각으로 스트레스를 극복하고 회복력을 갖도록 한다. 자신에게 맞는 재충전의 활동을 목록화하여 찾고 매일 반복적으로 재충전의 시간을 가져 보자.

재충전의 활동을 찾아 습관을 들이는 방법

① 자신에게 여유, 위안, 에너지를 주는 목록을 적어 보자.

예 목욕, 운동, 친구나 가족과 시간 보내기, 음악, 독서, 산책 등

② 여유, 위안, 에너지를 얻는 활동 중에서 지금 하지 않는 일을 점검하며 써 보자.

예 어려움을 가진 사람들의 그룹에 들어가 지지하기, 강의나 워크숍에 참여하기, 후회하는 일들에 자신 용서하는 글쓰기, 새로운 취미에 도전하기, 동물이나 식물을 키우고 가꾸는 일

③ 자기 돌봄을 위해 포기하거나 줄여야 하는 것을 최소 세 가지를 찾아보자.

예 심란한 뉴스 반복적 시청, 부정적인 사람들과 시간 보내기, TV나 SNS에 몰두하기, 스트레스를 피하기 위해 술이나 음료 등에 의존하는 일

④ 자신이 써 놓은 목록을 검토하고 실행할 것과 하지 않는 것들을 선별해서 적어 보자.

⑤ 일정에 새로운 활동을 추가하고 루틴이 될 때까지 달력으로 관리하자.

3) 자기만의 시간 가지기

자신만의 시간, 자신의 존재감을 느끼는 시간, 자신만의 안전지대 같은 시간을 만들고 누리는 것은 가장 효과적인 자기 배려다. 자기만의 시간은 그 자체로 목적이 되는 시간을 말한다. 자신과 교감하고, 자신의 욕구를 채우고, 회복과 충전의 시간을 선물함으로써 그 자체로 목적 달성이 되는 일들이다. 미라클 모닝과 같이 규칙적이고 반복된 활동이 충족감을 주는 것은 결과물보다는 자신만을 위한 시간, 몰입의 시간을 줌으로써 자기소외를 줄이기 때문이다. 짧은 시간이라도 매일 자기만을 위한 시간을 찾아 누릴 때 보다 충만함과 에너지를 찾을 수 있다.

나만의 시간을 찾아 실천하는 방법

① 하루 또는 한 주 "나만의 시간"을 미리 지정하고 병원의 진료 예약처럼 항상 비워 둔다.

② 규칙을 만든다. 집에 돌아와 바로 10분, 잠자기 전 10분, 일어나서 10분 등 일정한 시간을 정하고 명상, 책 읽기, 취미, 성찰적 질문과 답, 감사 일기, 다행인 이유, 기쁜 일 정리하기 등을 일상의 일정한 시간과 연결한다.

③ 목표를 세운다. 성취감과 지속성을 높이기 위해서 활동은 시간이나, 거리, 횟수 등 목표를 정하고 실행한다.

④ 디지털 금식을 한다. 자기 돌봄의 시간에는 디지털기기를 끊고 온전히 자신이 선택한 일에 몰입하도록 한다. 오직 자신에게만 몰입하도록 하기 위해서 자동화된 반응과 자기 소외의 습관을 줄이고 자신에 대한 충족감을 높인다.

⑤ 작게 시작한다. 아주 작게 시작해서 짐이 되지 않도록 하고 만족감이 느껴지면 시간을 늘리도록 한다.

학습 활동

1. 배려가 공동체 의식의 가장 기본적인 핵심인 이유를 설명해 보시오.

2. 배려는 사람과 사람들의 관계에 어떤 영향을 미치고 있을까요?

3. 배려가 관계와 소통의 시작인 이유는 무엇입니까?

4. 배려가 부담스럽고 배려하기 망설여지는 이유와 이를 극복하는 방법은 무엇입니까?

5. 배려에서 '백금률'을 실천하는 것이 중요한 이유와 이를 위해 선행되어야 할 것은 무엇입니까?

6. '자기 공감'이 무엇이며 자기 공감이 중요한 이유를 설명해 보시오.

7. 자기 돌봄의 3가지 차원은 어떤 것인가?

제3장 인간관계와 갈등

1. 인간관계의 의미와 갈등

◆ 생각할 거리

인간관계는 우리의 삶에 어떤 의미, 영향력을 주고 있는지 이야기해 보시오.

인간관계는 인간의 생존과 발달, 성장의 전제 조건이다. 인간은 관계 속에서 태어나 관계를 통해 인간답게 성장하고 발전하면서 건강한 삶을 영위해 나갈 수 있기 때문이다. 관계 속에서 자신의 존재를 확인하고 인간관계를 통해 만족과 행복감을 느낀다. 인간의 성장과 발전, 만족과 행복이 인간관계를 통해 실현된다. 이런 의미에서 '인간은 인간관계 그 자체다'라고 말할 수 있다.

가. 인간은 관계에 비친 자신을 보며 자아를 형성한다

인간은 자신이 어떤 사람이며, 어떤 사람이기를 원하는지 등의 자아 개념을 관계를 통해 형성하고 확인한다. 예를 들어 굴뚝에서 나온 두 명의 사람이 있다고 하자. 한 명은 얼굴에 그을음이 묻어 있고 한 명은 깨끗하다. 이들 중에 누가 얼굴을 닦을까? 바로 얼굴이 깨끗한 사람이다. 자신은 얼굴이 깨끗하다고 하더라도 자신을 볼 수 없다. 상대의 얼굴에 그을음이 있는 것을 보고 자신도 그을음이 있는 줄 알고 닦게 된다. 이렇게 인간은 관계 속에서 상호 작용하면서 자신을 인식하고 자신의 개념을 형성한다. 그래서 현재 자신의 모습은 인간관계의 산물인 셈이다. 인간은 관계 속에서 상호 작용하고 영향력을 받으며 자신의 모습이 만들어진다. 인간의 뇌에는 거울뉴런이 있어 지속적으로 타인의 행동을 모방하고 학습한다. 이런 이유로 문화, 전통, 관습을 학습하고 전승하며 살고 있다. 어떤 관계 속에서 살아가느냐는 자신이 어떤 사람인지에 절대적인 영향을 준다는 의미다.

나. 인간의 행복은 결국 관계 속의 사랑

인간 행복의 비밀을 오랫동안 연구한 결과가 있다. 1938년부터 75년 동안 사람들을 추적 조사하면서 행복한 삶의 원동력을 찾았던 '그랜트 연구(Grant Study)'가 그것이다. 인간의 행복에 가장 중요한 요인이 무엇인지를 밝히는 이 연구는 당시 하버드 대학교를 다니는 재학생을 대상으로 전 생애에 걸쳐 연구되었다. 연구 대상 중에는 미국의 35대 대통령인 존 F 케네디도 포함되어 있었고, 누적 연구비 2000만 달러를 들여 세대를 이어가며 연구되었다. 이 연구 결과로 나타난 행복에 가장 큰 영향을 미치는 핵심 비결은 무엇일까? 바로 삶에서 가장 중요한 것은 인간관계이며, 인간의 행복은 결국 관계와 그 속의 사랑이 가장 핵심 요인이라는 것이다. 이 연구 결과를 정리한 『행복의 비밀』, 『행복의 조건』이란 책에서는 행복하고 건강하게 나이 들어갈지를 결정 짓는 것은 지적인 뛰어남이나 계급 등이 아니라 사회적 인간관계이며 관계 속에서 사람들이 나누는 사랑이라고 강조한다. 인간에게 인간관계는 행복과 불행, 희망과 절망을 결정지을 수 있는 중요한 요인임을 확신시켜 주었다.

다. 건강한 삶의 원동력으로 인간관계

미국 펜실베니아의 '로제토(Roseto) 마을'이 유명해진 적이 있었다. 1950년대 이후 미국은 사회 변화로 인해 심장병 환자가 급증했고 사회적 문제가 되고 있었다. 그런데 1960년 초까지 이 로제토 마을은 심장병으로 죽는 사람이 거의 없다는 신기한 현상을 발견하게 된다. 같은 이탈리아 이민자 마을과 비교해도 심장병 사망률은 현저히 낮았다. 로제토 사람들은 술과 담배를 즐기고 올리브유 대신 돼지기름으로 요리를 하고 비만자도 많았다. 의학적으로 위험인자가 많은 지역에서 오히려 심장병 사망률이 유독 낮은 것은 놀라운 일이었다. 오랜 시간 동안 연구한 결과 건강하게 사는 로제토 마을의 비밀은 공동체와 사회적 결속이었다. 2천여 명이 사는 마을에 모임이 22개나 되고 서로 자주 방문했으며 길을 가다가도 잡담을 나누고, 정원에서 음식을 나눠 먹고 3대가 모여 사는 집안도 많았다. 공동체의 결속이 매우 강한 것이 특징이었다. 로제토 마을을 연구한 첫 번째 결과가 1964년 미국의사협회지에서 출판되었는데 이렇게 묘사하고 있다.

> "로제토 마을의 가장 눈에 띄는 특징은 사람들이 삶을 즐기는 방식이었다. 그들의 삶은 즐거웠고, 활기가 넘쳤으며 꾸밈이 없었다. 부유한 사람들도 이웃의 가난한 사람들과 비슷하게 옷을 입고 비슷하게 행동했다. 로제토 마을을 방문한 사람들에게 그 공동체는 계층이 없는 소박한 사회였으며, 따뜻하고 아주 친절한 사람들이 있는 곳이었다. 그들은 서로를 신뢰했으며 서로를 도와주었다. 가난한 사람들은 있었지만, 진정한 가난은 없었다. 이웃들이 빈곤한 사람들의 필요를 채워 주었으며 특히 이탈리아에서 이주해 오는 소수 이민자들에게 그러했다."

다양한 영향 요인도 많이 연구되었지만 로제토 마을 사람들이 건강하게 살 수 있었던 것은 공동체 속에서 사회적 결속, 관계의 안전망, 사회적 지지가 핵심적 이유였다는 것이다. 그러나 1965년 이후 공동체가 파괴되고 개인주의가 확산되면서 심장병 사망률은 급격하게 증가했고 다른 이탈리아 마을과 차이가 없었다. 이 사례는 인간의 관계, 사회적 결속, 사회적 지지가 인간의 건강에 중요한 영향을 미친다는 사실을 증명한 계기가 되었다.

라. 인간관계 속의 갈등

◆ 생각할 거리

관계 속에서 발생하는 갈등에 대해 어떻게 생각합니까? 그 이유를 이야기해 보시오.

① 갈등은 긴장과 불편함, 부정적인 영향을 주기 때문에 피해야 한다.

② 갈등은 자연스러운 것이며 적극적으로 해결해야 할 대상이다.

③ 갈등은 최대한 만들지 않도록 서로 노력해야 한다.

④ 갈등은 서로 조화롭지 못한 관계를 증명하는 것이다.

⑤ 갈등은 더 나은 관계를 만들 수 있는 중요한 역할을 한다.

⑥ 기타 다른 생각들

인간의 성장과 발전, 행복과 건강에 중요한 영향을 미치는 관계 속에는 항상 갈등이 생기기 마련이다. 서로 다른 욕구와 생각, 가치관, 이해관계 등 다양한 요인은 관계 속에서 갈등을 유발하게 된다. 갈등을 어떻게 느끼고 관리하느냐에 따라 행복과 불행이 달라지기도 한다. 사람들과의 관계로 형성된 공동체가 인간의 행복에서 그 의미를 찾기 위해서는 그 속에 존재하는 갈등을 이해하고 관리하는 능력이 중요해진다.

2. 갈등과 갈등의 기능

가. 갈등이란

갈등은 의지를 가진 두 성격의 대립 현상으로 차이, 불일치에서 비롯된다. 이런 차이나 불일치를 어떻게 보느냐에 따라 긍정적 또는 부정적으로 인식된다. 사람들은 자신과 같거나 자신이 해 오던 것과 일치할 때 편안함을 느끼고 다른 것은 긴장과 불편함을 느낀다. 그래서 갈등을 흔히 불편하고 부정적인 것으로 인식하는 경향이 있다. 서양에서는 갈등을 자연스러운 것으로 인식하고 적극적으로 해결하려는 태도가 일반적이다. 반면에 조화를 중요시하고 집단주의적 성향이 강한 우리나라는 갈등을 부정적으로 인식하는 경향이 있다. 그래서 갈등을 최소화하고 양보, 포기, 타협 등 갈등을 드러내지 않는 소극적인 대응 방식이 사용되었다. 하지만 인간관계나 집단 간에는 필연적으로 차이나 불일치가 존재한다. 사람들은 성격, 가치관, 사고방식, 경험과 환경이 모두 다르기 때문에 갈등 또한 필연적이다. 그래서 갈등을 관리한다는 것은 개인과 관계, 집단의 안정과 성장을 위해서도 필수적인 능력이라고 할 수 있다.

나. 갈등의 기능

경험을 바탕으로 갈등의 긍정적인 측면과 부정적인 측면에 대해 써 보자.

갈등의 긍정적 측면	갈등의 부정적 측면

1) 갈등의 순기능

갈등을 통해 우리는 공동의 문제에 대해 관심을 갖고 해결의 실마리를 찾기도 한다. 이것은 이떤 변화에 대한 민감성을 높여 변화에 적응성을 높인다. 관계에서 갈등이 잘 해결되었을 때 상호 이해와 적응력이 향상된다. 갈등을 통해 개인과 집단은 내부를 비판적으로 성찰하고 성장할 수 있는 기회를 가진다. 갈등을 통해 언제나 존재할 수밖에 없는 차이, 불일치, 불균형을 조정하고 긍정적으로 변화시켜 나갈 수 있다. 또한 갈등을 통해 갈등을 예방하고 관리하는 기술을 학습하게 된다. 갈등이 포함하고 있는 긍정적인 측면은 잘 관리되지 못할 때 그대로 부정적인 역기능으로 나타나기도 한다.

2) 갈등의 역기능

갈등을 본능적으로 싫어하는 이유는 긴장과 불안 심리가 높아지기 때문이다. 사람들은 긴장 상태에서 주의의 폭이 좁아지고 방어, 회피, 공격적 성향을 보인다. 이것은 스트레스와 불신을 만들고, 원만한 의사소통을 방해한다. 갈등의 긴장 상태는 개인의 창의성과 진취성을 방해한다. 긴장된 심리는 작은 문제에 집착하거나 환경, 상황, 맥락을 무시함으로써 공동의 목표 달성을 어렵게 한다. 지속적이거나 해결되지 않는 갈등은 집단의 응집성, 조화, 안정성을 약화시킨다.

3. 갈등의 원인

◆ 생각할 거리

갈등을 일으키는 원인이 무엇인지 생각나는 대로 모두 써 보시오.

가. 갈등의 근본적인 배경

이 그림의 가운데 원의 크기가 달라 보이는가? 그런데 원래 크기는 같다. 왜 그럴까?

주변의 배경은 같은 크기의 원을 다르게 보이게 만든다. 같은 사실도 다양한 배경에 놓이면 다르게 인식되고 이런 차이점은 오해나 갈등을 유발하게 된다. 갈등을 유발하는 근본적인 배경들을 인식할 때 우리는 갈등에 반응하는 것이 아니라 이해하고 해결에 초점을 맞출 수 있다.

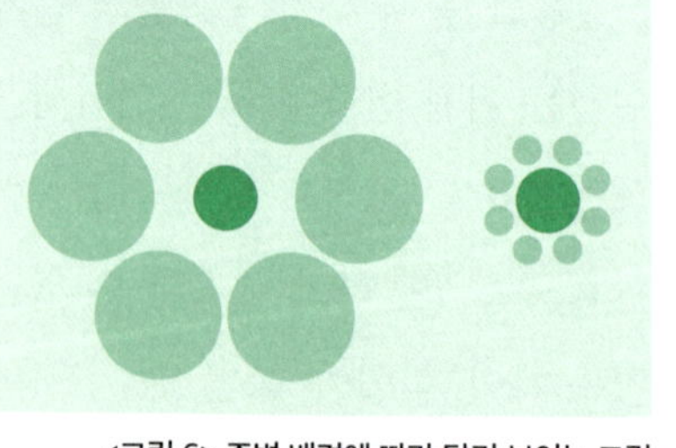

<그림 6> 주변 배경에 따라 달리 보이는 그림

1) 차이(difference)는 갈등을 일으키는 배경이 된다. 남녀의 차이, 종교의 차이, 빈부의 차이, 정규직과 비정규직의 차이 등 차이 자체가 갈등을 일으키는 것은 아니지만 정당하거나 합리적이지 못할 때 수용하기 힘들고 갈등을 일으킨다.

2) 욕구(needs)는 결핍을 충족하려는 과정에서 사회적 규범과 약속을 침해하며 갈등을 유발한다. 사람들마다 서로 다른 욕구가 충돌하거나 서로의 욕구를 모르거나 침해할 때 갈등이 유발된다.

3) 지각(perception)의 불완전함과 지각의 차이점은 같은 상황이라도 서로 다르게 인식하고 해석함으로써 쉽게 갈등을 유발한다. 지각의 과정은 개인의 경험, 학습, 인지 능력의 차이가 많이 반영된다.

4) 가치(value)는 세상을 인지하고 해석하는 개인의 체계화된 기준을 제공한다. 가치는 개인의 신념을 만들고 행동에 영향을 준다. 서로 추구하는 가치의 차이는 갈등의 원인이 된다.

나. 갈등을 일으키는 구체적인 원인

갈등을 일으키는 원인은 한 가지일 수도 있고 복합적일 수도 있다. 갈등을 일으키는 원인을 아는 것이 중요한 이유는 갈등 해결을 위해 어떤 노력이 필요한지를 알 수 있기 때문이다. 갈등의 원인을 인식하는 것만으로도 갈등이 감정에 머무르지 않고 협력하고 해결할 수 있는 동기를 부여한다. 그래서 갈등이 발생했을 때는 갈등의 원인을 함께 확인하는 것이 중요하다.

<표 7> 갈등의 종류

사실 관계 갈등	사실적 자료나 정보가 일치하지 않아 발생하는 갈등으로 약속, 협약, 법적 기준, 역사적 사실, 과학적 사실의 차이, 동일한 사실을 다르게 인식하기 때문에 발생한다.
이해관계 갈등	한정된 자원의 배분에서 서로 다른 이익의 충동, 서로 다른 목표, 서로 자아실현과 욕구에 대한 이해관계를 둘러싸고 갈등이 발생한다.
구조적 갈등	사회의 법, 제도, 관습에 따른 이해관계가 다르기 때문에 갈등이 발생한다. 제도나 규범이 생기고 바뀔 때 갈등이 발생하고 제도가 명확하지 않아 해석에 혼선이 발생할 때도 구조적 갈등이 발생한다.
관계상 갈등	타인과의 인간관계가 형성되면 그 관계에 대한 기대가 발생한다. 기대에 반하는 행동을 함으로써 갈등이 발생한다. 서로 다른 의존 관계의 정도에 따라 갈등의 정도도 달라진다. 이해관계나 기질, 성격, 소통 방식 등에 따라 관계상 갈등은 복잡하게 나타난다.

가치관 갈등	서로 다른 생각, 신념, 사상, 종교 등 오랫동안 형성된 생각 체계의 차이로 갈등이 발생한다. 환경과 개발, 복지와 성장, 진보와 보수 간의 갈등들이 해당된다.
정체성 갈등	개인이나 집단의 변하기 어려운 속성의 차이로 갈등이 발생한다. 피부색, 성(性), 생김새 등 생물학적인 것과 언어와 종교, 의식과 관습 등 사회문화적 차이가 여기에 해당된다.

갈등 해결이나 타협점을 찾기 힘든 원인은 무엇일까?

가치관, 정체성 갈등은 오랜 시간에 걸쳐 형성되었고 변화가 어려운 속성을 가지고 있어서 직접적인 해결점이나 타협점을 찾기가 힘들다. 상대방의 존재나 가치를 인정하고 상호 존중하면서 관련된 문제를 피하는 것도 해결 방법이다.

갈등의 원인별로 어떤 해결 노력이 필요할까?

<사실 관계>는 사실을 더욱 객관화하고 상호 검증할 수 있도록 제시하고 논쟁이나 불안의 가능성을 줄일 수 있다. <이해관계>는 불합리성이나 불공정에 대한 파악과 자원 배분의 투명성과 공정성을 높일 수 있다. <구조적 갈등>은 법과 제도의 공정성과 관련자들에 대한 수용성을 높이는 노력이 필요하다. <관계상 갈등>은 의사소통을 원활히 하는 노력과 과정을 통해 차이를 인식하고 줄이는 노력이 필요하다.

4. 갈등의 관리와 해결

가. 갈등 관리를 위한 기본적인 관점

1) 갈등은 자연스러운 삶의 일부

갈등은 긍정적인 면과 부정적인 면을 모두 가지고 있다. 갈등 자체를 잘못된 것, 비도덕적인 것, 부정적인 것이 아니라 인간관계의 당연한 과정으로 바라볼 수 있다. 갈등이 드러나지 않고 무시될 경우 더 부정적인 결과를 만들고 개인이나 집단의 변화와 발전이 어렵다.

2) 인간은 누구나 존엄하며 존재 자체로 존중받아야 한다.

갈등의 근본적인 배경과 원인은 서로 다르고 차이점이 존재하기 때문이다. 이는 인간이 공동체를 이루고 살아가는 이유이기도 하다. 그래서 다름과 차이점은 수용과 이해의 대상이지 무시되거나 차별의 이유가 될 수 없다. 서로 다른 욕구의 존중이 갈등을 자연스럽게 해결해야 할 문제로 인식하게 한다.

3) 인간은 문제 해결의 주체성이 있고 갈등 해결의 답은 하나가 아니다.

갈등을 해결하는 데 정해진 정답이 있는 것은 아니다. 고정관념과 편견을 깨고 창의적인 대안 마련이 항상 필요하다. 인간은 이런 대안적 과정을 통해 환경을 극복해 왔다. 그래서 갈등이 있어도 갈등 해결은 자신이 주인이 되어 스스로 협동할 때 가능하다.

나. 갈등 해결의 방식

독일의 심리학자 토마스 클리만(Thoma Kilmann)은 자신의 욕구를 충족하는 정도와 상대방의 욕구를 충족하려는 협조성 정도에 따라 경쟁형, 회피형, 순응형, 협력형, 타협형으로 구분하고 있다.

1) 경쟁형

경쟁형은 상대방의 입장이나 이익보다는 자신의 목표나 이익을 중심으로 신속하세 결정하고 행동하는 유형이다. 그래서 대화보다는 힘이나 실력에 의존해 상대를 압도하며 갈등을 해결한다. 갈등이 빠르게 해결하는 듯 보이지만 의사소통이나 상대방의 참여기회가 상실되고 타인의 욕구가 무시되는 상황이 생길 수 있다.

내 주변에 어떤 사례나 경험들이 있을까요?

2) 회피형

갈등 상황에서 회피하거나 보류함으로써 손쉽게 갈등을 해결하거나 외적인 갈등 심화를 막으려는 경향이다. 자신의 이익이나 목표를 달성하기보다는 직면한 문제를 피하는 모습으로 나타난다. 자신에게 이득이 없거나 갈등을 효과적으로 해결할 수 없다고 판단될 때 나타난다. 갈등 상황이 해결되지 않고 오히려 신뢰성을 떨어뜨리고 서로 원하는 것을 알 수 없어 갈등이 심화될 수 있다.

내 주변에 어떤 사례나 경험들이 있을까요?

3) 순응형

자신의 이익보다 관계를 좋게 유지하기 위해 상대방의 요구에 맞추려는 경향이다. 상대방의 요구를 전적으로 수용함으로써 갈등을 해결하려고 한다. 갈등 해결에 시간이 적게 걸리고 좋은 관계를 유지할 수 있다. 하지만 이런 방식은 상대가 서로의 욕구를 인식하고 조절할 수 있는 학습 효과가 떨어진다. 자신보다 관계를 중요시하기 때문에 자신의 욕구불만이 심해질 수 있다.

내 주변에 어떤 사례나 경험들이 있을까요?

4) 협력형

자신의 이익이나 목표를 추구하면서 상대의 이익과 만족도 함께 중요시하는 경향이다. 어느 한쪽의 양보를 요구하는 타협이 아니라 모두의 이익과 만족을 추구한다. 협력과 창조를 위해 함께 해결할 일들을 중요시하기 때문에 갈등 해결 과정에 의미가 더 있다. 시간과 노력이 많이 들고 상호 신뢰와 애정이 갖추어져 있을 때 효과적이다. 만약 갈등의 사안이 다급하거나 상호 신뢰도가 낮은 경우에는 협력과 해결이 어려울 수 있다.

내 주변에 어떤 사례나 경험들이 있을까요?

5) 타협형

서로의 적절한 이익과 손해를 주고받음으로써 갈등을 해결하는 타입이다. 서로의 목표와 주장을 완강하게 고집하고 있을 때 한 발씩 물러나 타협점을 찾고 신속하게 갈등을 해결한다. 시간이 많지 않거나 협력과 관계가 중요할 때 빠르게 갈등을 중재하는 방법이다. 하지만 상호 원하는 것을 얻지 못하고 해결되지 않은 불만족스러운 점이 남게 된다. 갈등을 통해 창조적인 문제 해결이나 신뢰를 더욱 굳건하게 만들 기회를 잃어버릴 수 있다.

내 주변에 어떤 사례나 경험들이 있을까요?

5. 건설적인 갈등 관리 전략

◆ 생각할 거리

갈등을 관리하고 해결하는 자신만의 전략, 노하우는 어떤 것이 있을까요?

갈등을 어떻게 인식하고 대응하느냐에 따라 개인과 집단 전체의 만족과 성장, 발전이 달라진다. 그래서 갈등은 차이, 불일치, 대립을 인식하고 합리적으로 조율, 조정할 것을 요구한다. 갈등이 발생하면 그 원인을 파악하고 해결 방법을 찾아 협력해 나가는 행동이 필요하다. 이러한 과정은 갈등을 해결하기도 하지만 갈등을 예방하고 갈등 없이 서로의 이익과 목표를 충족시키는 방법이기도 하다. 그렇다면 건설적으로 갈등을 관리하고 해결하는 전략에 대해 알아둘 필요가 있다.

가. 드러난 욕구와 드러나지 않은 욕구를 파악

개인이나 집단의 욕구는 기대와 감정, 행동을 만든다. 갈등은 상대의 욕구를 모를 때도 발생하지만 욕구를 잘못 인식했을 때, 오해가 생겼을 때 더 크게 나타난다. 그래서 상대의 관점에서 공감하는 것이 중요해진다. 상대의 관점을 공감하지 못하면 갈등만 남고 해결할 방법을 찾기 어렵다. 상대를 공감하는 것이 어려운 것은 겉으로 드러나는 것보다 숨겨진 것을 인식하기 어렵기 때문이다. 표면적인 요구사항보다 드러내지 않는 욕구가 갈등의 진짜 원인일 때가 많다. 갈등에서 드러나지 않는 상대의 숨은 욕구를 파악하는 것은 병증을 유발하는 원인을 치료하는 것과 같다. 단순한 이익이나 조건의 획득보다는 인간적인 대우, 존중감을 원할 때가 있다. 그래서 상대나 집단이 표면적으로 요구하는 것 외에 갈등을 유발하는 진짜 원인, 표현하지 않는 숨은 욕구를 파악하고 이해하려는 노력이 필요하다. 이를 위해서는 공감 능력도 필요하지만 상대를 수용하는 마음으로 질문하고 적극적으로 의사소통하는 과정이 필요하다.

나. 상대방의 요구나 필요에 긍정적으로 접근

입장과 의견이 다르다고 하더라도 상대를 인정하는 모습에서는 갈등과 대립을 쉽게 느끼지 않는다. 대립과 갈등이 심해질 때는 상대가 자신의 주장만 강요하고 들어주지 않을 때다. 자기 중심성을 극복하고 상대의 요구와 필요를 들어 주고 긍정적으로 이해할 의사가 있음을 표현할 때 갈등 해결의 기회가 생긴다. 상대의 입장을 고려한다는 것만으로도 갈등의 감정적 부분은 줄고 정보를 얻고 수용할 힘이 생겨난다. 이를 통해 갈등을 해결할 의도와 아이디어가 많아진다.

다. 서로의 입장을 명확하게 확인

사람들은 자신의 입장과 관점에서 생각하고 이해하기 쉽다. 그래서 서로의 입장을 교환하지 않으면 서로가 무엇을 원하는지 명확하게 알지 못한다. 감정적이고 모호한 상태가 되기 쉽다. 자신의 입장을 명확하게 전달하고 상대의 입장을 확인하는 것은 갈등의 원인을 이해하고 신뢰를 구축하는 시작이 된다. 협의하거나 조정할 초점이 명확해지면 갈등은 줄고 해결 방법을 찾기가 쉬워진다. 그래서 자신의 입장을 명확히 하는 것, 솔직하게 말하는 것, 상대의 입장과 관점을 질문하고 들어주는 시간을 가지는 것은 갈등 해결의 핵심적인 출발점이 된다.

라. 비난보다 문제의 원인을 탐색하는 데 집중

자신이 먼저 옳고 그름을 판단해서 말할 때는 비난하기 쉽다. 자신의 입장과 판단을 강조하는 주관적 해석은 상대를 감정적이고 방어적으로 만들기 쉽다. 언제나 상대의 입장과 판단은 다를 수 있기 때문이다. 자신의 입장과 주관적 해석에 의한 판단은 갈등의 원인이 되는 문제를 파악할 기회를 잃어버리게 만든다. 상대의 일방적인 해석과 판단에는 방어하려는 태도가 앞서기 때문에 문제의 원인을 파악하는 것이 어렵다. 갈등 상황의 책임은 어느 한쪽에 있기보다는 양쪽, 다양한 조건에서 발생한다는 사실을 인정할 필요가 있다. 결과에 대한 추측이나 판단보다는 질문을 통해 문제의 원인을 찾을 때 갈등의 초점이 해결과 협력으로 이동하게 된다.

마. 정체성보다는 행동에 집중

사람들의 특정 행동이 갈등을 유발할 때도 우리는 행동보다는 상대의 태도, 성격, 정체성에서 원인을 찾을 때가 있다. 단순한 특정 행동을 상대의 성격이나 정체성과 연결하면 갈등을 해결할 방법을 찾기 힘들어진다. 갈등 상황에서 상대에게 '이기적이다', '편협하다' 등 상대의 정체성을 지적하면 반박에만 몰두하게 되고 갈등 해결은 어려워진다. 특정 행동은 바꿀 수 있어도 성격, 정체성과 같은 부분은 바꾸고 해결하기 힘들다. 오히려 변화시킬 수 없는 것들에 대한 반박과 저항만 늘어나는 것은 당연한 일이다. 인식하기 쉽고 변화시킬 수 있는 행동에 집중할 때 갈등 해결의 방법을 찾기가 쉽다.

바. Win-Win을 목표로 기준을 제시하고 동의 이끌어 내기

상대가 수용하고 만족할 수 있는 대안을 탐색하고 제시할 때 상호 기대감이 높아진다. 기대감이라는 동기는 자신의 노력이 성과를 만들어 낼 수 있고 그 성과가 자신에게 이익이 되거나 의미를 느낄 때 유발된다. 그래서 상대가 노력해서 성과를 낼 수 있는 대안, 상대가 의미를 느낄 수 있는 대안을 탐색하는 것은 갈등 해결의 기대감을 높인다. 자신이 이해한 상대의 의도와 목표를 확인하고 자신의 이익과 함께 상대가 동의할 수 있는 수준의 대안을 제시하는 것이 중요하다. 상대에게도 이익이 되는 솔루션을 제시할 때 접근 동기가 생기기 때문이다.

6. 갈등 관리를 위한 커뮤니케이션

갈등은 사람들과의 상호 작용 과정에서 의사소통의 방식에 의존한다. 그래서 효과적인 커뮤니케이션 방법을 학습하고 활용하는 것은 갈등을 예방하고 해결하는 해답이 될 수 있다. 수많은 커뮤니케이션 전략 중에서 핵심이 되고 일상에서 항상 활용할 수 있는 효과적인 방법을 살펴보자.

가. 공감적 경청과 반영적 경청

갈등이 차이, 불일치에서 출발한다면 그것을 인정하고 이해하는 것은 갈등 해결의 출발점이다. 경청이 갈등 해결의 출발점인 이유는 상대를 인정한다는 표현이고 경청을 통해 상대와 상황에 대한 명확한 정보를 얻을 수 있기 때문이다. 커뮤니케이션에서 듣기는 여러 형태로 이루어진다. '나' 또는 '너' 중심이냐와 '언어 중심' 또는 '맥락 중심'이냐로 나눌 수 있다.

① '나' 중심에서 '맥락' 중심으로만 들으면 상대의 입장과 맥락을 파악하지 못해 오해나 인지 오류가 생기기 쉽다. ② '나'와 '언어' 중심으로 들으면 자신에게 필요한 말만 선

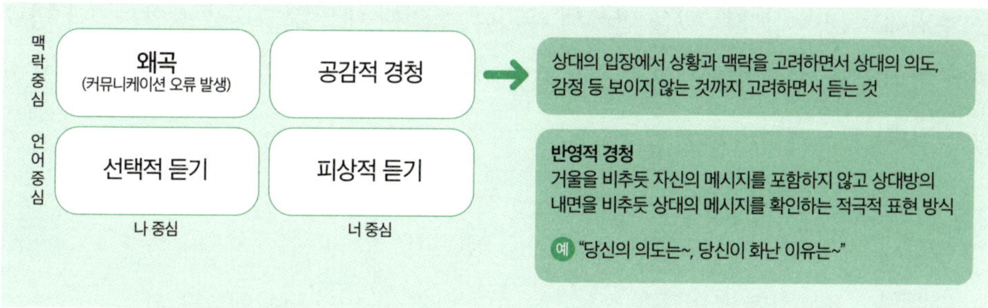

택적으로 듣기 때문에 전체를 파악하기 힘들다. ③ '너' 중심과 '언어' 중심으로 들으면 피상적으로 의도를 파악하지 못하고 이해도가 떨어진다. ④ 공감적 경청은 '너'의 입장에서 상대의 상황과 맥락을 고려하면서 듣는 것을 말한다. 그래서 상대의 의도와 감정 등 보이지 않는 것까지 고려하면서 들을 수 있다. 공감적 경청과 함께 '반영적 경청'은 거울을 비추듯이 자신의 메시지를 포함하지 않고 상대방의 내면을 비추듯 상대의 메시지를 확인하는 적극적인 듣기와 표현이다. 잘 듣고 "당신이 말하고자 하는 것은, 당신이 의도한 것은, 당신이 화난 이유는..." 등으로 듣고 이해한 것을 반영적으로 확인하는 방식이다. 공감적 경청과 반영적 경청은 상대의 말이 받아들여지고 있다는 느낌을 주면서 평가나 비난은 줄이고 상대가 느끼는 문제를 솔직하고 명확하게 파악할 수 있도록 한다.

나. 백트래킹(Backtracking)

'상대방의 말에 맞장구치기'라는 백트래킹 기술은 듣는 사람이 말하는 사람의 이야기를 따라 해서 되돌려 주는 '언어적 미러링'을 말한다. 상대를 공감하면서 경청하는 기술은 다양하다. 하지만 기술보다 상대를 수용하고 인정하는 태도가 더욱 긍정적인 영향을 미친다. 대화를 할 때 건성으로 듣거나 짐작하고 판단하기, 말 끊기, 갑자기 화제를 바꾸기, 충고나 조언하기, 안 들어도 다 안다는 식의 대화는 상대를 존중하는 태도를 떨어뜨리고 갈등을 유발한다. 백트래킹은 반영적 경청 기술로 상대의 말을 주의 깊게 듣고 상대방의 내용과 의도를 재확인하고 명백히 밝힘으로써 소통을 촉진한다. 백트래킹은 추임새를 넣어 상대를 말을 반복해 주거나, 들었던 내용을 그대로 요약하거나 명료하게 확인하고, 불분명한 부분을 질문하고, 이해한 내용을 자신의 표현으로 바꿔 표현할 수 있다.

- 추임새, 반복하기: "아 그랬구나!, ○○○ 했다고!"
- 요약하고 명료하게 확인하기: "○○○ 했다는 거지!, 엄청 당황했겠구나!"
- 질문하기: "그래서 어떻게 되었는데? ○○○ 잘못 알았다는 것은 뭐야?"
- 바꿔 표현하기: "그러니까 너의 생각과 의도는 이렇다는 거지?"

다. 나-메시지

다음과 같은 대화의 문제점은 무엇이라고 생각하는가?

- 그렇게 이기적으로 행동하면 누가 함께 일할 수 있겠어!
- 왜 이렇게 일이 늦어! 그렇게 해서 제대로 일할 수 있겠어!
- 넌 전화 한 통 걸 성의도 없어! 일을 어떻게 하자는 거야!
- 당신은 항상 내 말을 가로막아! 그렇게 해서 대화를 할 수 있겠어!

위 대화 문장은 모두 '너'가 주어가 되는 '너-메시지'다. '너'를 주어로 표현하면 실제 표현하고 있는 화자가 어떻게 인식하고 느꼈는지, 자신이 무엇을 요구하는지가 빠지고 상대에 대한 판단이나 비난 위주로 표현한다. 앞의 표현법은 어떤 문제가 있을까? ① 상황에 대한 설명이나 묘사가 없다. ② 단정적 판단과 평가를 중심으로 말한다. ③ 자신이 느낀 감정의 원인을 상태 탓으로 한다. 이렇게 표현할 경우 사실보다는 성급한 판단이나 평가를 포함하기 때문에 상대가 공격당하는 느낌을 받아 방어적 태도와 감정적 반발을 일으키기 쉽다. 그래서 갈등을 피하고 효과적으로 자신의 문제와 감정을 전달하는 '나-메시지'가 필요하다. '나-메시지'는 '나'를 주어로 자신의 생각과 감정을 솔직하게 표현하면서도 상대를 평가하거나 비난하지 않는 효과적인 대화법을 말한다. '나-메시지'는 객관적 상황 묘사, 나의 감정 표현, 구체적인 희망을 말하는 3단계로 표현한다.

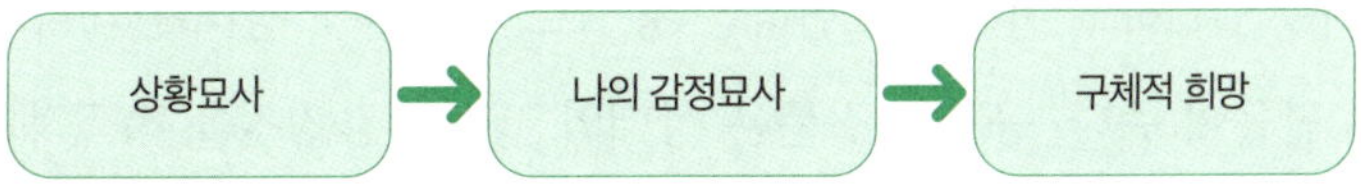

아래의 나-메시지는 ① 말하는 사람이 인지한 상황을 객관적으로 묘사를 하고, ② 자신이 느낀 감정을 표현하고, ③ 자신이 원하는 바를 말하는 식으로 진행된다. 이렇게 표현하면 말하는 사람이 섣불리 상황을 판단하고 평가하지 않고 자신이 인식한 상황을 객관적으로 묘사하기 때문에 듣는 사람이 방어적 태도를 가지지 않도록 한다. 그래서 말하는 사람이 인식하고 있는 상황을 보다 객관적으로 이해할 수 있다. 상황에서 느낀 자신의 감정을 표현하기 때문에 듣는 사람에게 자신의 감정을 전가하지 않는다. 그래서 상대가 인식한 상황에서 상대가 느낀 감정을 더 잘 공감할 수 있도록 한다. 자신이 원하는 바를 솔직하게 말하기 때문에 대화의 목적을 달성하고 듣는 사람은 자신이 주도적으로 이해하고 판단해서 말할 수 있는 권한과 기회가 보장된다.

> 너-메시지: "그렇게 이기적으로 행동하면 누가 함께 일할 수 있겠어!"
>
> 나-메시지: "상황을 더 들어 보지 않고 무조건 자기 입장에서 안 된다고 하는 말을 들으니 난 조율할 방법도 없고 전체 일이 잘못될까 봐 무척 불안해! 상황을 자세히 들여다보고 전체적으로 한 더 생각해 주면 좋겠어"

• 상대를 평가하지 않고 상황을 묘사하기 때문에 → 상대의 방어적 태도를 없앤다.
• 자신이 느끼는 감정과 원인을 설명 → 감정의 원인을 상대에게 전가하지 않는다
• 솔직한 감정의 표현과 요구 사항을 설명 → 상대와 평등한 관계를 형성한다.
• 상대의 행동에 대한 평가는 상대에게 남겨 → 상대가 책임지고 역할을 할 수 있게 한다.

라. 공감적 질문

공감적 질문은 상대의 관점에서 질문하는 것을 말한다. 질문을 통해 상대가 자신의 입장과 생각, 감정을 개방적으로 말할 수 있도록 질문하는 것이다. 좋은 질문은 그 자체만으로도 상대를 인정하고 관심을 표현하는 용도로 활용된다. 상대를 대화에 적극적으로 참여하도록 만들어 준다. 공감적 질문은 상대의 생각·느낌·감정을 적극적으로 표현하거나, 문제의 대안을 긍정적으로 탐색하도록 하거나, 상황이나 타인을 이해할 수 있도록 한다. '예, 아니요'라는 단정적 답변을 요구하거나 비난이나 특정 관점을 강요하는 질문은 상대의 마음을 닫게 만든다. 반대로 상대가 자신의 생각과 관점, 감정을 적극적으로 표현할 수 있는 공감적 질문은 의사소통을 촉진할 뿐만 아니라 상대가 마음을 열고 적극적으로 참여하도록 해서 상호 신뢰를 촉진하는 유용한 방법이다.

- 넌 어떻게 생각해?
- 넌 어떤 느낌이야?
- ~ 하려면 어떻게 하는 게 좋을까?
- 네가 ~의 입장이라면 어떨까?
- 네가 생각하는 솔루션은 어떤 거니?
- ~ 상황에서 네가 해 주고 싶은 것은 무엇이니?
- ~ 을 개선하려면 어떤 노력이 필요할까?

마. 개방성을 높이는 칭찬

칭찬은 사람들에게 동기와 활력을 높이고 갈등의 부정적 영향을 완화하는 효과가 있다. 좋은 칭찬은 사람들을 긍정적이고 개방적으로 만들어 갈등 상황을 긍정적으로 해석하고 다양한 방법으로 해결할 수 있는 심리적 자원을 제공하는 역할을 한다. 그렇다면 개방성을 높이는 좋은 칭찬은 어떤 것일까? 사람들의 자율성, 성장, 관계의 만족이라는 내적 동기를 촉진하는 형태로 칭찬하면 된다. 자신의 선택에 대해, 자신의 노력을 통해 점점 성장하고 발전되고 있다는 사실에 대해, 자신의 도움과 기여가 좋은 관계를 만들고 있다는 사실에 대해 칭찬한다. 이런 칭찬은 겉으로 드러나는 일시적인 것이 아니라 상대의 관점에서 지속적으로 관찰해야 가능하다. 그래서 칭찬은 그저 감정을 긍정적으로 만들어 주는 것으로 끝나는 것이라 아니라 상대를 인정하고 신뢰한다는 적극적인 의사 표시인 셈이다. 상대를 신뢰하고 동기를 높이는 좋은 칭찬의 방법에는 어떤 것들이 있는지 생각해 보자.

- 구체적으로, 행동을, 즉시 칭찬한다.
- 과정과 노력을 중심으로 칭찬한다.
- 상대의 선택, 의도, 추구하는 가치를 중심으로 칭찬한다.
- 혜택과 감사하는 마음과 함께 칭찬한다.

학습 활동

1. 인간에게 인간관계가 중요한 이유를 정리해 보시오.

2. 인간관계 속 갈등의 근본적인 이유는 무엇인지 설명해 보시오.

3. 갈등이 가지는 긍정적인 측면과 부정적 측면을 정리해 보시오.

4. 갈등의 원인을 알고 구분할 수 있다는 것이 중요한 이유는 무엇입니까?

5. 사실관계, 이해관계, 구조적 갈등, 관계상 갈등이 가치관 갈등이나 정체성 갈등과 다른 이유는 무엇입니까? 이때 가치관 갈등과 정체성 갈등을 해결하는 방법은 무엇입니까?

6. 갈등 해결의 방식에서 '회피형'과 '순응형'의 공통점을 지적하고 더 좋은 관계를 위해 노력할 점은 무엇입니까?

7. 건설적인 갈등 관리 전략을 정리하고 자신에게 가장 적합한 노력을 정리해 보시오.

GNU 인성(개정판)

2023년 2월 15일 초판 1쇄 발행

지은이	홍석영, 이아라, 양난미, 김권수
펴낸이	권순기
부장	김경민
행정팀장	장은옥
편집	이가람
디자인	이희은

펴낸곳	경상국립대학교출판부 | 출판등록 1989년 1월 7일 제16호
주소	경남 진주시 진주대로 501
전화번호	055) 772-0801(편집), 0802(디자인), 0803(도서 주문)
팩스	055) 772-0809
전자우편	gspress@gnu.ac.kr
홈페이지	http://gspress.gnu.ac.kr
페이스북	https://www.facebook.com/gnupub
블로그	https://blog.naver.com/gnupress12
인스타그램	https://www.instagram.com/gnupress

책값은 뒤표지에 있습니다.